Eckart Kleßmann

Der Dinge
wunderbarer
Lauf

Die Lebensgeschichte
des Matthias Claudius

TvR

2. Auflage
© TvR Medienverlag, Jena 2021
www.tvrmedienverlag.de
Redaktion und Lektorat: Dr. Holger Thuß, Natalia Thuß
Druck und Bindung: UAB „Baltijos Kopija", Vilnius
Printed in Lithuania.

ISBN 978-3-940431-13-4

Eckart Kleßmann

Der Dinge wunderbarer Lauf

Inhalt

Matthias Claudius (1740-1815),
Bleistiftzeichnung von 1810

I

Ein Pastorensohn
aus Reinfeld

»Der Himmel weiß, wo ich noch hinkomme.«

Als er im Alter von vierunddreißig Jahren den ersten Band seiner gesammelten Werke veröffentlichte, widmete er ihn nicht, wie es damals der Brauch war, einem Fürsten oder reichen Gönner, sondern dem Tod, dem er den seltsamen Namen »Freund Hain« gab. Neun Jahre später, im vierten Band der Werkausgabe, zog er die Summe des menschlichen Daseins in diesem Gedicht:

Der Mensch

Empfangen und genähret
　Vom Weibe wunderbar
Kömmt er und sieht und höret,
　Und nimmt des Trugs nicht wahr;
Gelüstet und begehret,
　Und bringt sein Tränlein dar;
Verachtet, und verehret;
　Hat Freude, und Gefahr;
Glaubt, zweifelt, wähnt und lehret,
　Hält nichts, und alles wahr;
Erbauet, und zerstöret;
　Und quält sich immerdar;
Schläft, wachet, wächst, und zehret;

Trägt braun und graues Haar etc.
Und alles dieses währet,
Wenn's hoch kommt, achtzig Jahr.
Denn legt er sich zu seinen Vätern nieder,
Und er kömmt nimmer wieder.

Als Quintessenz eines Lebens ist das ziemlich wenig, so will uns scheinen: Sollte das wirklich schon alles gewesen sein, so ein ganzes Menschenleben? Pessimismus als Grunderfahrung unserer Existenz?

Mit Matthias Claudius erschien in der deutschen Literatur ein Schriftsteller, der vielen eine Verlegenheit war. Alle unsere griffigen Stilkategorien treffen auf ihn nicht zu. Als er geboren wurde, dichteten in Hamburg noch der mächtige Barockpoet Barthold Hinrich Brockes und der idyllische Friedrich von Hagedorn; als er starb, hatte die deutsche Romantik längst ihren Höhepunkt überschritten. Dazwischen gab es die Aufklärer, die Empfindsamen, die Stürmer und Dränger, die Klassiker, von denen Goethe – neun Jahre nach Claudius geboren – über allen als der »Dichterfürst« stand, wie ihn schon die Zeitgenossen nannten.

Claudius kannte sie alle, aber er hatte mit ihnen nichts oder herzlich wenig gemein. Er war ein Querkopf, den nichts weniger interessierte als die Frage, ob man ihn für einen bedeutenden Dichter ansehe, der sich überhaupt nicht um seine Kritiker scherte und dem letztlich das Leben, sein Leben und das seiner Familie, viel höher stand als die literarische Hinterlassenschaft. Daß man über seine lebenskräftige Frömmigkeit die Achseln zuckte, daß man ihn politisch als einen Erzreaktionär verschrie, daß er überhaupt in gar keiner Weise dazugehörte, wenn von zeitgenössischer Literatur gehandelt wurde: Es hat ihn nicht eine Minute lang interessiert.

Er führte sein Leben, das vierundsiebzig Jahre währte, fern aller Moden und Zeitströmungen. Seine Heimat war ein kleines norddeutsches Dorf vor den Toren Hamburgs, aber man täuscht sich, wenn man ihn für den Tölpel darin hält. Zwar gab er sich gern den Anschein des Harmlosen und Naiven, aber er begriff die Zeitläufte sehr gut und war alles andere als ein gottergebener Narr, der nicht bis drei zählen konnte. Er besaß nur den Mut, sein ganz eigenes Leben führen zu wollen, und dies konsequent und entschieden. Niemand redete ihm drein, weil man einem Mann wie ihm gar nicht dreinreden konnte.

Während ich diese Sätze schreibe, stelle ich mir vor, wie es wohl wäre, wenn dieser eigenwillige und querköpfige Claudius zweihundert Jahre später zur Welt gekommen wäre. Aber diese Vorstellung ist eine müßige Gedankenspielerei; jeder Lebenslauf ist nur zu seiner Zeit denkbar, denn er findet Umstände vor, deren er zu seiner Entwicklung bedarf. Das Leben, das Claudius führte, konnte er so und nicht anders nur zu seiner Zeit führen; schon fünfzig Jahre später geboren, hätten dieses Leben und die Art seines literarischen Wirkens einen ganz anderen Verlauf nehmen müssen. Allerdings würde ein Mensch seines Schlages heute wohl noch weniger beachtet werden als in jener Epoche, in der ein Wilhelm von Humboldt befand, er könne über Claudius nichts sagen, der sei »eine völlige Null«. So schrieb es Humboldt an Schiller, und der reichte es weiter an Goethe, dessen Urteil nicht freundlicher ausfiel. Wie wird einer zu einer »völligen Null«?

Reinfeld ist ein unscheinbares, wenngleich nicht unfreundliches Dorf in Holstein, dem man heute vor allem nachrühmt, vortreffliche Karpfen zu Weihnachten und Neujahr heranzufüttern, und dann gab es da noch diesen berühmten Sohn, der am 15. August 1740 abends um halb elf Uhr dem Pastor Matthias Claudius und seiner zweiten Ehefrau Maria geboren wurde. Der Pastor Claudius war von 1730 bis 1737 schon einmal verheiratet gewesen, aus dieser Ehe stammten die Söhne Christian Carl und Barthold Nicolaus. Aus der zweiten Ehe gingen hervor Josias (geboren 1739), Matthias (geboren 1740), Dorothea Christine (geboren 1744), Peter (geboren 1747) und Christian Detlev (geboren 1750), dazu noch drei weitere Kinder, die kurz hintereinander 1751 starben. Diesen dreifachen Tod erlebt Matthias als Elfjähriger und beinahe auch seinen eigenen: Beim Spiel auf dem Herrenteich nahe dem Pfarrhaus fällt Matthias ins Wasser und wird im letzten

Augenblick von seinem Bruder Detlev gerettet. »Ich hatte schon
alles aufgegeben und dachte nur daran, wie mir der Tod schme-
cken und was meine arme Mutter sagen würde«, erinnerte er sich
später. Dergleichen vergißt niemand, der einmal dem Ertrinken
nahe gewesen ist. Bedeutet der Tod einzig nur die Vernichtung
und somit ständige Bedrohung, oder könnte er auch dem Menschen ein Freund sein? Das wird Claudius ein Leben lang be-
schäftigen, vielleicht als ein Nachhall dieser Kindheitserlebnisse.

Reinfeld um 1840, Ansicht von Süden

Gemeinsam mit seinen Geschwistern wird Matthias vom Vater
unterrichtet, denn eine allgemeine Schulpflicht gibt es damals
noch nicht, und 1755 schickt ihn der Vater für drei Jahre auf die
Lateinschule in Plön, wo er zwar nicht nur im Lateinischen unterrichtet wird, aber doch diese Sprache zeitlebens liebgewinnt
und sich ihrer gern bedient. Das Lateinische ist zu jener Zeit vor
allem die Sprache der Wissenschaft, in der Doktorarbeiten und
Abhandlungen verfaßt werden, und für einen gebildeten Menschen ist es selbstverständlich, eine vorgetragene Meinung mit
dem Zitat eines lateinischen Dichters zu würzen, und von allen
Dichtern ist es Vergil, der Claudius am nächsten steht und den er
einmal sogar als seinen »Freund« bezeichnet.

Claudius' Geburtshaus in Reinfeld (Zustand um 1900)

Im politischen Geschehen richten sich die Blicke in Deutschland auf Preußen und Österreich. Als Claudius geboren wird, 1740, gelangen im nämlichen Jahr jene zwei Antipoden auf den Thron, die wie geborene Feinde erscheinen: In Wien wird Maria Theresia deutsche Kaiserin, in Berlin Friedrich II., König von Preußen, den man später einmal als »den Großen« bezeichnet. Als Matthias mit seinem Bruder Josias 1759 das Studium der Theologie und der Rechtswissenschaften in Jena beginnt, hat Friedrich II. von Preußen zwei Angriffskriege gegen Kaiserin Maria Theresia erfolgreich bestanden und 1756 mit dem dritten begonnen, der sieben lange Jahre währen sollte. Noch ehe der Friedensschluß von Hubertusburg diesen Krieg 1763 beendet, hat Claudius im Jahr zuvor sein Studium abgebrochen. Die Gründe dafür kennen wir nicht. Er und sein Bruder waren 1760 an den damals so weit verbreiteten und gefährlichen Pocken erkrankt; Matthias hatte überlebt, Josias war am 19. November gestorben. Die bei seinem Begräbnis gehaltene Rede von Matthias, die der akademische Brauch damals verlangte, ist das erste erhalten gebliebene Stück Prosa des späteren Schriftstellers.

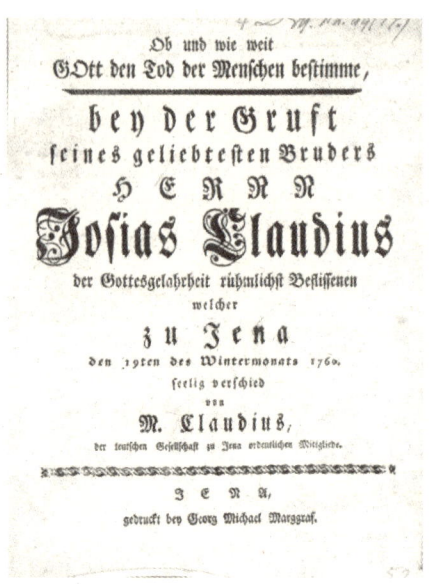

Totenrede für Josias Claudius 1760, Deckblatt

Wer sind die Zeitgenossen des jungen Matthias? In Leipzig wirkte bis zu seinem Tode 1750 der Komponist und Thomaskantor Johann Sebastian Bach; in London der 1759 gestorbene Georg Friedrich Händel; in Hamburg der 1767 gestorbene Georg Philipp Telemann, dessen Nachfolger 1768 der Sohn Johann Sebastians und das Patenkind Telemanns geworden war: Carl Philipp Emanuel Bach. In Hamburg sind außerdem tätig und weit über die Stadtgrenzen bekannt die Dichter Barthold Hinrich Brockes und Friedrich von Hagedorn. Joseph Haydn, dessen Klaviermusik Matthias Claudius so ganz besonders liebte, war nur acht Jahre älter als Matthias und armer Leute Kind. Sein Weg zum späteren Weltruhm war so wenig voraussehbar wie der des Pastorensohns aus dem holsteinischen Reinfeld.

Das Studium in Jena bringt für Matthias Claudius eine wichtige Bekanntschaft: Es ist der um drei Jahre ältere Heinrich Wilhelm von Gerstenberg aus Tondern, der ebenfalls die Rechtswissenschaften studiert. Als er 1759 die Universität verläßt, hat er gerade mit einem Lyrikband *Tändeleyen* Aufsehen erregt; ein junges, aufstrebendes poetisches Talent, dessen Gedichte von dem handeln, was man gerne liest: von einer unbeschwerten Welt der Schäfer und Hirten, in der es nicht um Arbeit und Mühsal, sondern einzig um Liebe, Liebeleien und lüsterne Augenblicke geht, ohne daß dabei im mindesten die Schicklichkeit zu leiden hätte.

Die Holsteiner Matthias und Josias Claudius werden am 21. April 1759 in die Matrikeln der Jenaer Universität eingetragen (Ausschnitt)

Mit der realen Welt hat das natürlich nichts zu tun, aber das weiß ohnehin jeder. Beschrieben wird in flotter Reimerei eine Welt, in die man sich hineinträumt, um des Tages Last zu vergessen. In der »Teutschen Gesellschaft« in Jena, wo man die deutsche Sprache und Literatur pflegt in einem kleinen, feinen Zirkel, hat Claudius Gerstenberg und seine Verse kennengelernt.

Gerstenberg gehört zu den Repräsentanten einer literarischen Richtung, der man die Bezeichnung »Sturm und Drang« gegeben hat nach dem gleichnamigen Schauspiel von Friedrich Maximilian Klinger. Die Dichter des »Sturm und Drang« – Gottfried August Bürger, Gerstenberg, Wilhelm Heinse, Klinger, Jakob Michael Reinhold Lenz (und zeitweilig gehören auch Goethe, Herder und Schiller dazu) – begeistern sich für die Natur, üben Zivilisationskritik, preisen den »naiven« Menschen, den sie besonders unter Kindern, Frauen, Bauern und Handwerkern zu finden glauben, und mißtrauen der reinen Vernunft. Sie meinen, Herz und Gefühl seien bislang zu kurz gekommen. Dem Kulturmenschen wird der unverbildete Naturmensch gegenübergestellt, der sich eine volksliedhafte Dichtung statt kunstvoll gebauter Strophen in komplizierten Versformen wünscht.

Heinrich Wilhelm von Gerstenberg, 1776

Wenn man von der Begeisterung für das Rauschhafte und Irrationale und der gern zur Schau gestellten Kraftmeierei der Sprache absieht, so ist die Gesinnung gar nicht einmal so sehr entfernt von den Gedanken der Aufklärung, wie sie Schriftsteller wie Johann Wilhelm Ludwig Gleim, Gotthold Ephraim Lessing oder Christoph Martin Wieland vertreten. Shakespeare, das große Ideal des »Sturm und Drang«, war auch für die Aufklärer ein poetischer Leitstern, den sie gern gegen den strengen Klassizismus des französischen Theaters ausspielten. Die Aufklärer wollten den Menschen von kirchlicher Bevormundung befreien, ihn erlösen aus seiner »selbstverschuldeten Unmündigkeit«, wie es an der Königsberger Universität der Philosoph Immanuel Kant lehrte: »Habe den Mut, dich deines eigenen Verstandes zu bedienen.« Also nicht das wiederholen, was sogenannte Autoritäten verkünden, sondern kraft der eigenen Vernunft selber erkennen, prüfen und für wahr halten.

Das bedeutet nicht eine trockene Vernünftelei, die an die Stelle des Gefühls treten sollte, wie die Stürmer und Dränger später argwöhnten. Das widerlegen schon die eleganten Verserzählungen Wielands und der Siegeszug des Märchens, das vor allem durch die Sammlung *Volksmärchen der Deutschen* von Johann Karl August Musäus besonders bekannt wurde. Auch Friedrich Gottlieb Klopstocks biblisches Epos *Der Messias* ist trotz seiner begeisterten, ganz unmittelbar das Gemüt ansprechenden bildhaften Sprache nicht ohne die Aufklärung zu denken, aber hier kam noch etwas Entscheidendes hinzu: die pietistische Grundhaltung.

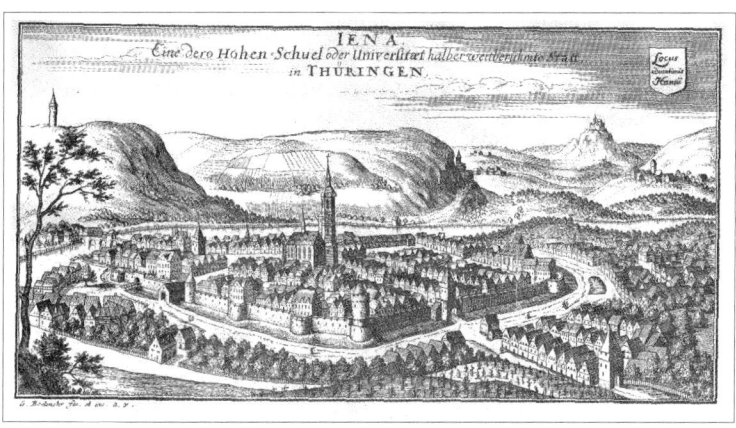

Jena um 1720, Ansicht von Nordwesten

Der Pietismus, der sich am Ausgang des 17. Jahrhunderts entwickelt hatte, war eine evangelische Erweckungsbewegung, entstanden aus der Abwehr dogmatischer, orthodoxer Verknöcherung. Das Gefühl, das Herz sollten vom christlichen Glauben angesprochen, die persönliche Frömmigkeit gestärkt und die Empfindsamkeit eines in der Stille zurückgezogenen Lebens ausgebildet werden. Der Pietismus, der auf eine innere Wiedergeburt des Menschen aus dem Geist der Frömmigkeit hinauswollte, hat damals kaum einen deutschen Dichter unberührt gelassen, auch wenn sich viele – wie Goethe – nach einiger Zeit von ihm abwandten.

Man kann sich also gut vorstellen, mit welcher schier erdrückenden Fülle von neuen Eindrücken und Anregungen der junge Student aus Reinfeld überschüttet wird. Vieles davon schlägt in ihm Wurzeln und wird später seine eigenen Arbeiten als Schriftsteller beeinflussen, anderes berührt ihn nicht. So teilt er nicht die Theaterleidenschaft seiner Zeit und wird auch nie etwas für die Bühne schreiben.

Claudius' Wohnhaus am Jenaer Markt (heutiger Zustand)

Gern hätte er Gerstenbergs nähere Bekanntschaft gemacht, aber ehe man Zeit findet, sich häufiger zu sehen und zu sprechen, verläßt Gerstenberg Jena. Nach drei Jahren Studierens mag auch Matthias nicht länger bleiben und kehrt in seine holsteinische Heimat zurück, ohne ein abschließendes Examen.

Aus Jena bringt er ein Bündel Manuskripte nach Reinfeld mit, an deren Bearbeitung er sich nun macht. Es handelt sich um eine Handvoll zuckersüßer Reimereien und ein wenig gleichartige

Prosa, das alles so ein bißchen à la Gerstenberg, wobei Gerstenberg seine *Tändeleyen* auch schon aus dritter Hand empfangen hatte, es entsprach nun einmal so der neuesten literarischen Mode. Und tatsächlich: *Tändeleyen und Erzählungen* nennt auch Claudius seinen Erstling. Das Buch wird 1763 gedruckt und ein Jahr später noch einmal aufgelegt. Weiß der Himmel, was die Leser an diesen Nachahmungen finden mochten. Die Kritiker urteilten eher abfällig.

Deprimiert schreibt Claudius am 2. Oktober 1763 aus Reinfeld an Gerstenberg, der jetzt als Leutnant in Kopenhagen lebt, denn er hat sich für die militärische Laufbahn entschieden: »Stirbt in Kopenhagen nicht ein Sekretär oder braucht nicht ein junger Herr einen Hofmeister, mit ihm auf die Universität zu gehen? Wissen Sie, was mir neulich eingefallen ist, ich möchte wohl nach das Land Norwegen, wenn ich da nur was zu tun hätte, bei den Bergwerken oder sonst. Der Himmel weiß, wo ich noch hinkomme, indessen habe ich's zu Hause gut, bis etwas vorfällt.«

Auch wenn gerade keiner gestorben ist: Graf Ulrich Adolph von Holstein war in die Heeresverwaltung der dänischen Regierung eingetreten und braucht nun einen Sekretär. So kommt Claudius nach Kopenhagen, und wenn auch sein Dienst schon ein Jahr später endet, da der Graf seine neue Position wieder aufgibt, so bedeutet dieses eine Jahr in Kopenhagen für Claudius eine große Bereicherung.

Der dänische Hof – übrigens wird Schleswig-Holstein damals von Dänemark regiert, Claudius ist also dänischer Staatsbürger – ist zu dieser Zeit sehr stark von deutscher Kultur geprägt und die deutsche Sprache hier so selbstverständlich wie an den deutschen Fürstenhöfen das Französische. In Kopenhagen lebt der Dichter, den ganz Deutschland bewundert und verehrt: Friedrich Gottlieb Klopstock. Der hatte 1748 die ersten drei Gesänge seines Christus-Epos *Der Messias* drucken und dann wissen lassen, er könne diese Dichtung aus finanziellen Gründen nicht weiterführen. Die Begeisterung für dieses Werk war ganz außerordentlich, und der dänische König hatte sich erboten, Klopstock den Lebensunterhalt zu bezahlen, um so die Vollendung des *Messias* zu garantieren.

Klopstock wurde zum Legationsrat ernannt, bekam ein entsprechendes Gehalt und dazu eine kostenlose Wohnung mit der einzigen Verpflichtung, sich nur noch der Dichtung, dem *Messias* im besonderen, zu widmen, was er denn auch mit großem Fleiß tat.

Als Claudius 1765 ins heimatliche Reinfeld zurückkehrt, hat sich viel in seinem Kopf gesammelt und will verarbeitet werden, nutzbar gemacht werden für das weitere Leben. Für eine kurze Zeit hat der Pastorensohn aus dem kleinen Dorf erfahren, was Kultur und vor allem literarisches Leben in einer Großstadt bedeuten, und das alles wollte nun reifen. Man muß ja immer wieder daran erinnern, daß dem Menschen des 18. Jahrhunderts unser modernes Informationsnetz nicht zur Verfügung stand. Wir empfangen tagtäglich Nachrichten in Wort und Bild aus aller Welt, aber Nachrichten gab es damals nur sehr spärlich, und wer damals von Reinfeld nach Kopenhagen reiste, lernte mehr Neues sehen und begreifen als heute ein Weltreisender.

Dennoch ist bei Claudius keine Sehnsucht nach der dänischen Residenzstadt zurückgeblieben. Nur die Verehrung für Klopstock erweist sich als dauerhaft, und nach 1770, als Klopstock seinen Wohnsitz von Kopenhagen nach Hamburg verlegt, wird aus dieser Verehrung eine Freundschaft mit dem um sechzehn Jahre älteren Dichter, bei dem er gelernt hatte, daß Poesie weitaus mehr und weitaus Ernsteres sein kann als »Tändeleyen«, deren Empfindungen nicht selbst erlebt, sondern nur von literarischen Vorlagen ausgeborgt waren. Claudius ist dennoch nie ein Klopstock-Nachahmer geworden, sosehr er auch den *Messias*-Dichter bewunderte, aber durch ihn lernte er erstmals Sinn und Würde der Poesie begreifen.

Womit hat Claudius die Jahre von 1765 bis 1768 in seinem Elternhaus zugebracht? Wie sind seine Vorstellungen von seinem weiteren Lebensgang beschaffen gewesen? Was mag ihm als erstrebenswertes Lebensziel vorgeschwebt haben? Wir wissen es nicht, ja wir können es nicht einmal vermuten, da wenige Briefe aus diesen Jahren vorhanden sind und andere Zeugnisse fehlen. Vermutlich im September 1765 wollte er sich um den Posten eines Organisten in Lübeck bewerben; er scheiterte, vielleicht an der Musiktheorie.

Am nächsten steht ihm in jenen Jahren Gottlob Friedrich Ernst Schönborn, Pfarrersohn wie Matthias, Hauslehrer auf Gut Trenthorst bei Reinfeld. Ihn hatte Claudius kurz vor seinem Weggang nach Kopenhagen kennengelernt, sie sind Freunde geworden und bleiben einander brieflich verbunden, als Schönborn Trenthorst verläßt. Offenbar ist es Schönborn gewesen, der seinem Freund Matthias die Augen geöffnet hat für die Schönheiten Shakespeares und ihm die Philosophie Descartes' und die Naturwissenschaft Isaac Newtons erklärte. Wie bei Gerstenberg und Klopstock, so hält auch die Freundschaft mit dem um drei Jahre älteren Schönborn ein ganzes Leben, auch wenn sie sich kaum noch gesehen haben, denn Schönborn tritt in die diplomatischen Dienste Dänemarks und geht später ins ferne Algier.

Im Mai 1766 stirbt Claudius' Schwester Dorothea Christine, erst zweiundzwanzig Jahre alt, Mutter von vier kleinen Kindern. Als Trost für seinen Schwager, Pastor Christian August Müller in Gleschendorf, schreibt Claudius dieses Gedicht:

> Der Säemann säet den Samen,
>   Die Erd empfängt ihn, und über ein kleines
>   Keimet die Blume herauf –
>
> Du liebtest sie. Was auch dies Leben
>   Sonst für Gewinn hat, war klein Dir geachtet,
>   Und sie entschlummerte Dir!
>
> Was weinest Du neben dem Grabe
>   Und hebst die Hände zur Wolke des Todes
>   Und der Verwesung empor?
>
> Wie Gras auf dem Felde sind Menschen
>   Dahin, wie Blätter! Nur wenige Tage
>   Gehn wir verkleidet einher!
>
> Der Adler besuchet die Erde,
>   Doch säumt nicht, schüttelt vom Flügel den Staub, und
>   Kehret zur Sonne zurück!

Es ist die Botschaft, die Claudius sein Leben lang nicht müde wird zu wiederholen: Unser Menschenleben ist nur ein kurzer Aufenthalt auf Erden, ein Besuch, den wir »verkleidet«, nämlich in unserer irdischen Gestalt, hier abstatten, ehe wir zurückkehren ins Reich der Ewigkeit, aus dem wir gekommen. Wie die Pflanze abstirbt, so fällt auch der Mensch mit dem Sterben, der Verwesung anheim, aber das betrifft nur sein Äußeres. Im Bild des Adlers, des von Erdenschwere befreiten Fluges, und der Sonne, als Abbild des ewigen Lichts, steht am Ende die Verheißung von Freiheit und Erlösung.

Diese frühen Verse zeigen, wie stark ihn die Lyrik Klopstocks beeinflußt, und doch schimmert durch diese hochgemuten Strophen der erste selbständige Ton. Der junge Dichter findet jetzt seine, nur ihm gehörende Sprache und Ausdruckskraft, auch wenn es noch nicht der ganz unverwechselbare Claudius-Stil ist. Damit hat er einen kräftigen Schlußstrich unter seine *Tändeleyen* gezogen. Er ist nun auf dem Wege zu sich selber.

II

Journalist in Hamburg

*»Ich habe einen heißen Durst
nach edlen Taten.«*

Niemand weiß, warum Matthias Claudius so lange in seinem Reinfelder Elternhaus müßig geblieben ist. Zwar behauptet das Sprichwort, Müßiggang sei aller Laster Anfang, aber müßig sein ist nicht gleichbedeutend mit Faulheit. Muße bedeutet, Zeit zu haben und sich Zeit zu lassen, Zeit zum Nachdenken, Zeit zur Vorbereitung, Zeit zur Reife. Muße, so erklärt es uns ein Wörterbuch jener Zeit, bedeute »die völlige Freiheit von allen pflichtmäßigen Beschäftigungen«, heißt aber nicht unproduktives Nichtstun. Fleiß und Geschäftigkeit sind nützlich, aber nicht die Hauptsache im Leben, erst recht dann nicht, wenn man vor lauter Geschäftigkeit versäumt, sich innerlich fortzuentwickeln. Vielleicht hat Matthias Claudius die drei Jahre der Muße, des ganz zweifellos auch schöpferischen Nichtstuns gebraucht, um der zu werden, der er dann geworden ist. Schönborn hatte ihn auf das Werk Shakespeares aufmerksam gemacht, auf die Philosophie von Descartes und die Naturwissenschaft von Newton, aber auch auf die Literatur und Philosophie des klassischen Griechenland. Stoff genug, sein Wissen zu vertiefen und sich mit den Büchern in ihrem Urtext auseinanderzusetzen, denn Claudius las neben dem Lateinischen auch das Griechische, Englische und Französische fließend und konnte sich geläufig im Dänischen und Holländischen ausdrücken.

Im Juni 1768, inzwischen achtundzwanzig Jahre alt, geht er nach Hamburg. Ihm steht kein fest umrissenes Ziel vor Augen, aber er wird sich gesagt haben, daß in einer Handels- und Hafenstadt kluge Leute ihr Auskommen finden müßten, denn Hamburg ist zu jener Zeit weit mehr als nur eine Metropole der Wirtschaft.

Hamburg zählt etwa 70.000 Einwohner und entspricht damit der Größe Kopenhagens. Dem englischen Musikhistoriker Charles Burney, der im Herbst 1772 Hamburg besucht, fällt eines sofort auf:

»Der Reisende wird an dem Tore bloß um seinen Namen und Stand befragt. Die Gassen sind schlecht gebaut, schlecht gepflastert und eng, aber voller Menschen, die ihren eigenen Geschäften nachzugehen scheinen. Aus den Mienen und Betragen der Einwohner dieses Ortes leuchtet eine Zufriedenheit, Geschäftigkeit, Wohlhabenheit und Freiheit hervor, die man in anderen Orten Deutschlands nicht häufig zu sehen bekommt.«

Dieser Kontrast ist damals auch von anderen Besuchern bemerkt worden. Das Erscheinungsbild der Stadt wurde meist recht ungünstig beurteilt, was nicht verwundert: Die Straßen waren eng, sehr schmutzig und wenig attraktiv bebaut, der Lärm darin fürchterlich, und das Hamburger Wetter wesentlich rauher und härter als heute. Und: Hamburg stank zum Himmel. Die bis zu neun Meter hohen Befestigungswälle, die das ganze Areal fest umklammert hielten, verhinderten eine Durchlüftung, weswegen die Gerüche aus den zahlreichen, die Stadt durchziehenden Fleeten (Kanälen) und den zentral gelegenen Rieselfeldern, beschönigend »Hasenmoore« genannt, ganz unerträglich gewesen sein müssen, zumal die Hamburger sich in Fragen der Hygiene recht lax betrugen, was sie allerdings von den Bewohnern anderer Großstädte des 18. Jahrhunderts nicht sonderlich unterschied.

Aber auch das fiel den Besuchern auf: Die hohen Wälle behinderten nicht den geistigen Wind, der hier wehte, die ständig frische und animierende Brise in einer Stadtrepublik, deren politische Struktur von unseren demokratischen Idealen noch weit entfernt war, in der man aber doch frei atmen konnte und eine

Rede- und Gedankenfreiheit genoß wie sonst in keiner anderen deutschen Stadt. Den in Berlin üblichen rüpelhaften Kasernenton, mit dem der Fremde gleich am Stadttor angerempelt wurde, kannte man in Hamburg nicht. Die Obrigkeit und ihre Exekutivorgane ließen durchaus so etwas wie Gutmütigkeit spüren, ja es gab sogar bis 1790 einen eigenen Posten im städtischen Etat zur Finanzierung stets frischer Blumensträuße in den Amtsstuben von Rathaus, Kämmerei und Zoll.

Die Fülle der Hamburger Zeitungen – und hier erschienen das ganze 18. Jahrhundert hindurch Blätter, die mehr und ausführlicher berichteten, als es sonst in deutschen Zeitungen erlaubt gewesen wäre – und Hamburger Buchpublikationen bezeugte immer wieder, daß die Zensur kaum eine Rolle spielte, auch wenn nicht verschwiegen werden soll, daß auf Betreiben der Kirche ein Band Gedichte von Johann Matthias Dreyer 1763 bei der Trostbrücke vom Henker verbrannt wurde. Aber dies blieb doch eine Ausnahme.

Als Friedrich Gottlieb Klopstock 1770 Kopenhagen verließ und sich nach einem neuen Domizil umsah, entschied er sich für Hamburg, und man kann sich auch nur schwer vorstellen, wo sich dieser republikanische Geist denn wohl sonst hätte niederlassen können und wollen. In Hamburg ereignete sich der in der deutschen Literaturgeschichte einmalige Fall, daß 1720 der in ganz Deutschland bekannte Lyriker und Übersetzer Barthold Hinrich Brockes zum Senator gewählt wurde und sich dann als Politiker gleichfalls bewährte. Zu Brockes' größten Leistungen gehörte, daß er 1721 die Wahl Georg Philipp Telemanns zum Musikdirektor Hamburgs durchsetzte, der dann seinerseits 1768 Carl Philipp Emanuel Bach zum Nachfolger bekam, Telemanns Patensohn.

In Hamburg ließen sich anregende Bekanntschaften machen. So war im April 1767 hier Gotthold Ephraim Lessing eingetroffen, um als Hausautor und Dramaturg dem Direktor des Komödienhauses am Gänsemarkt, Johann Friedrich Löwen, dabei zu helfen, aus dieser Bühne ein »Deutsches Nationaltheater« zu entwickeln (ein Versuch, der schon Ende desselben Jahres scheitern sollte). Sehr rasch befreundet sich Claudius mit Lessing und lernt auch dessen Freund Carl Philipp Emanuel Bach kennen. Als durchaus freundschaftlich verbunden mit Claudius darf Johann Georg Büsch gelten, Mathematiker und Direktor der Handelsakademie, in dessen Haus Bach gern Konzerte aufführt.

Der dänische Etatsrat Polykarp August Leisching, ein Vetter Klopstocks, gibt in Hamburg zwei Zeitungen heraus, nämlich die *Neue Zeitung* – als Tageszeitung Konkurrenzblatt zum seit Jahrzehnten eingeführten *Hamburgischen Correspondenten* – und die *Adreß-Comptoir-Nachrichten,* ein viermal in der Woche erscheinendes Blatt für die Wirtschaft, das sich aber immerhin auch einen kleinen Kulturteil leistet mit Buchbesprechungen und Theaterkritiken. Beide Zeitungen leitet Johann Wilhelm Dumpf, ein Schulfreund Klopstocks, der sich offenbar dank der Fürsprache des *Messias*-Dichters um Claudius kümmert und ihn in das Handwerk des Journalisten einführt. Dumpf muß ein ausgezeichneter Lehrer gewesen sein, denn Claudius begreift sehr schnell und schreibt schon bald ganz professionell. Viel Platz steht den Redakteuren nicht zur Verfügung, der Umfang geht über wenige Seiten in relativ kleinem Format nicht hinaus, den meisten Platz beanspruchen Anzeigen und kurze Nachrichten.

Daß ein Wirtschaftsblatt wie die *Adreß-Comptoir-Nachrichten* überhaupt einen kleinen Kulturteil besitzt, spricht für den Bildungsstand der abonnierenden Kaufleute. Claudius veröffentlicht darin im November 1769 eine Besprechung von Lessings Lustspiel *Minna von Barnhelm.* Das Stück ist zwar schon am 30. September 1767 im Deutschen Nationaltheater am Gänsemarkt uraufgeführt worden, aber Claudius hat es zweifellos erst später gesehen und befunden, man könne über ein so gutes Stück durchaus auch noch jetzt schreiben, zumal man es mit der Aktualität von Nachrichten damals nicht so genau nahm.

Er verfaßt keine Theaterkritik, wie sie sonst üblich ist. Seiner Besprechung gibt er die Form eines Briefwechsels, den ein Sohn mit seinem Vater führt (wobei sich dann noch eine theaterfeindliche Tante einmischt), und diese erfundene Korrespondenz bekommen nun die Leser der *Adreß-Comptoir-Nachrichten* fortsetzungsweise in drei Ausgaben zu lesen.

Claudius wählt diese Form mit Bedacht. Nicht nur, weil eine kontroverse Darstellung interessanter zu lesen ist: In Hamburg wettern die orthodoxen Lutheraner gegen die vermeintliche »Unsittlichkeit« des Theaters und würden am liebsten alle Bühnen schließen. Claudius, ein überzeugter evangelischer Christ, sieht das ganz anders, denn ähnlich wie später Schiller glaubt er an das Theater als »moralische Anstalt« und an seine Kraft, den Zuschauer zu erbauen und zu erziehen. Und deswegen schreibt auch der Sohn seinem Vater: »Zehn Taler wollte ich darum geben, wenn ich noch einmal eine solche Geschichte mit ansehen könnte. Mir war den ganzen Abend das Herz so groß und so warm – ich hatte einen so heißen Durst nach edlen Taten – ja ich glaube wahrhaftig, wenn man solche Leute oft sähe, man könnte endlich selbst rechtschaffen und großmütig mit ihnen werden.«

Neben solchen und anderen Beiträgen in Prosa setzt er auch eigene Gedichte ins Blatt, von denen *Ein Wiegenlied beim Mondschein zu singen* in der Ausgabe vom 1. Januar 1770 (eingezwängt zwischen der Rubrik »Wechselkurse« und den »Vermischten Nachrichten«) nun ganz rein die eigene Sprache des Dichters ausdrückt, jenen unverwechselbaren Ton, der Claudius so berühmt hat werden lassen:

> So schlafe nun du Kleine!
>   Was weinest du?
> Sanft ist im Mondenscheine,
>   Und süß die Ruh.
>
> Auch kommt der Schlaf geschwinder,
>   Und sonder Müh:
> Der Mond freut sich der Kinder,
>   Und liebet sie.
>
> Er liebt zwar auch die Knaben,
>   Doch Mädchen mehr,
> Gießt freundlich schöne Gaben
>   Von oben her

Auf sie aus, wenn sie saugen,
  Recht wunderbar;
Schenkt ihnen blaue Augen
  Und blondes Haar.

Alt ist er wie ein Rabe,
  Sieht manches Land;
Mein Vater hat als Knabe
  Ihn schon gekannt.

Und bald nach ihren Wochen
  Hat Mutter mal
Mit ihm von mir gesprochen:
  Sie saß im Tal

In einer Abendstunde,
  Den Busen bloß,
Ich lag mit offnem Munde
  In ihrem Schoß.

Sie sah mich an, für Freude
  Ein Tränchen lief,
Der Mond beschien uns beide,
  Ich lag und schlief;

Da sprach sie! »Mond, oh! scheine,
  Ich hab sie lieb,
Schein Glück für meine Kleine!«
  Ihr Auge blieb

Noch lang am Monde kleben,
  Und flehte mehr.
Der Mond fing an zu beben,
  Als hörte er.

Und denkt nun immer wieder
  An diesen Blick,
Und scheint von hoch hernieder
  Mir lauter Glück.

> Er schien mir unterm Kranze
> Ins Brautgesicht,
> Und bei dem Ehrentanze;
> Du warst noch nicht.

Claudius hat damals weder Frau noch Kind, aber er stellt sich in seiner Phantasie das Glück einer jungen Mutter mit ihrem Säugling so vor und spricht es ganz ungekünstelt im Gedicht aus. Den Mond und sein sanftes Licht zu bedichten – wer tut das damals nicht? Aber in einem Gedicht die Mutter zu ihrem Töchterchen sprechen zu lassen, so leicht, innig, unfeierlich und humorvoll: Das hatte es bisher noch nie in der deutschen Lyrik gegeben. Gerade die Zeitgenossen bedichten den Mond eher pathetisch und würden sich lieber die Zunge abbeißen oder die Feder zerbrechen, ehe sie ein so schnödes Wort wie »kleben« in ihren Strophen zulassen würden. »Ihr Auge blieb / Noch lang am Monde kleben« – ist so etwas erlaubt? Und wie darf man diesem silbernen Gestirn, damals am liebsten mit dem lateinischen *luna* benannt, so gewöhnlich nachsagen: »Alt ist er wie ein Rabe, / Sieht manches Land; / Mein Vater hat als Knabe / Ihn schon gekannt« – als wäre das ein Alter! Und doch ist die unverstellte Zärtlichkeit, die aus diesen Versen spricht, von einer lyrischen Kraft, die das meiste der Mondenpoesie jener Epoche zu schierem Plunder macht. Und wann wäre jemals vorher, in der Rückerinnerung an eigene Kindheit, so zart an das Wunder des Menschseins und des Lebensbeginns erinnert worden wie hier in jenem letzten Vers: »Du warst noch nicht.« Vielleicht hätte ein minder begabter Dichter explizit die Ewigkeit beschworen. Aber das Ewige, das dem Menschengeist nicht Faßliche ist in diesem kurzen Satz enthalten: »Du warst noch nicht.« Nur andeutend rührt Claudius an unsere ferne Abkunft und braucht dafür ganze vier Wörter, wo andere mit vierhundert nur etwas bereden, wo er in einem ganz einfachen Bild einen Hauch Unendlichkeit in seine Sprache läßt.

Übrigens ist die Fassung, die hier gedruckt steht, nicht die originale aus den *Adreß-Comptoir-Nachrichten* von 1770, sondern die endgültige von 1775, was bedeutet, daß Claudius an diesem Gedicht noch sehr intensiv gearbeitet hat, bis es seine gültige Form fand, die uns so leicht und selbstverständlich erscheint, als müsse sie spontan niedergeschrieben worden sein. Und jede dieser Korrekturen beweist, welche Sprachmächtigkeit der Dichter in ganz wenigen Jahren zu erreichen imstande war.

Claudius ist es in den Jahren seiner Redakteurstätigkeit materiell schlecht gegangen. Er wird miserabel bezahlt, ja so schlecht, daß er zuweilen noch nicht einmal das Porto für seine Briefe aufbringen kann. Dennoch klagt er nicht, oder er versteckt ein leises Seufzen unter humorvollen Formulierungen. Gerstenberg, mit dem er einen lebhaften Briefwechsel unterhält, hat ihn gebeten, sich bei Carl Philipp Emanuel Bach für die Vertonung eigener Texte zu verwenden. Die Verbindung zu dem großen Komponisten stellt Lessing her, der sowohl mit Claudius wie mit Bach befreundet ist. Bachs Kompositionen für Klavier sind in der Musikwelt hoch angesehen und populär, auch genießt er selber einen bedeutenden Ruf als Klaviervirtuose. Von einem Besuch bei dem Musiker berichtet Claudius seinem Freund Gerstenberg:

»Ich allein konnte Bachen nicht zum Spielen bringen, daher ich Lessingen bat, mich einmal mitzunehmen, und dies Mitnehmen ist vorigen Mittwochen morgens um ½ 12 allererst erfolgt. – Das kleine berühmte Silbermannsche Klavier hat einen hellen, durchdringenden, süßen Ton, keine außerordentliche Stärke im Baß, keinen außerordentlich sanften schmeichelnden Diskant [...]. Auf diesem Klavier spielte Bach zwei Adagio und ein Allegro, die er ausdrücklich für dies Klavier gesetzt hat, das erste Mal, wie sie auf dem Blatte vor ihm stunden, und das zweite Mal verändert. Die Stücke waren gar nicht schwer, indessen spielte er das Allegro so geschwind und so rein dabei, daß man leicht sahe, wie er mit den schwereren Stücken umgehen werde. Sein Adagiospiel kann ich nicht besser beschreiben, als wenn ich Sie an einen Redner zu denken ganz gehorsamst ersuche, der seine Reden nicht auswendig gelernt hat, sondern von dem Inhalt seiner Rede ganz voll ist, gar nicht eilt, etwas herauszubringen, sondern ganz ruhig eine Welle nach der andern aus der Fülle seiner Seele herausströmen läßt, ohne an der Art der Herausströmung zu künsteln, wohl aber zu denken, so wie ich an diesem Gleichnis nicht gekünstelt, aber auch nicht gedacht habe. Ich bat ihn um die letzte Phantasie in den Probestücken etc. [Claudius meint die 1753 von Bach veröffentlichte Sammlung *18 Probestücke in 6 Sonaten*] und ich kann Ihnen versichern, daß wir sie nicht sehr unrecht gespielt haben, wie er sich denn auch, als ich etwas spielte, vernehmen ließ, wie man hören könne, ich spiele mit Leib und Seele [...]. Er spielte noch eine von seinen leichten Sonaten – die Allegro fahren wie schnelle Donnerwetter unter seinen Fingern heraus, wir müssen sie nach diesem etwas geschwinder spielen.«

Irgendwie und irgendwann muß es zwischen dem Verleger Leisching und seinem Redakteur zu Unstimmigkeiten gekommen sein, vielleicht gefiel dem Etatsrat nicht, wie Claudius den Kulturteil seiner Zeitung gestaltete, jedenfalls bekommt Matthias die Kündigung zum 1. September 1770. Aber er muß sich um seine Existenz nicht sorgen. Wahrscheinlich durch Lessing hat er dessen Verleger und Geschäftspartner Johann Joachim Christoph Bode kennengelernt, einen ungemein vielseitig begabten Mann, zehn Jahre älter als Claudius. Bode hatte zunächst in Hamburg als Sprach- und Musiklehrer gearbeitet, dann als Übersetzer und schließlich als Buchhändler, Verleger und Drucker. Und dieser Bode überrascht den eine neue Existenz suchenden Journalisten mit einer ganz neuen Aufgabe.

III

Der Wandsbeker Bote

»Mir glühen oft die Fußsohlen für Liebe.«

In einem berühmten Märchen lesen wir, wie ein schlauer gestiefelter Kater seinem Besitzer, einem armen Müllerburschen, durch einen listigen Trick zu großem Reichtum verhilft. Und natürlich war auch ein bißchen Glück dabei. Gelegentlich gestattet sich das Leben, solche Märchen zu verfassen, etwa die Geschichte vom wunderbaren Aufstieg des Heinrich Carl Schimmelmann.

Der war zwar kein Müller, doch der Sohn eines Getreidekaufmanns in Demmin (Pommern) und selber im väterlichen Geschäft tätig. Während des Siebenjährigen Krieges (1756-1763) versorgte die Firma Schimmelmann die preußische Armee mit Brotgetreide und durfte dafür zum Dank und als Entschädigung die Bestände der Meißner Porzellanmanufaktur an sich bringen. Das war zwar Kriegsbeute und gehörte dem von Preußen überfallenen sächsischen Staat, aber das nahm man nicht so genau, am wenigsten Schimmelmann, denn der wußte, daß das preußische Königreich kein Geld besaß (das brauchte man für den Krieg), und nahm also, was er nur bekommen konnte. Das Meißner Porzellan – damals noch selten und somit außerordentlich teuer – ließ Schimmelmann sogleich elbabwärts nach Hamburg verschiffen und dort für eine enorme Summe nach England verkaufen. Und somit war er von einem Tag auf den anderen zu einem reichen Mann geworden. Davon hörte auch der dänische König und sagte sich, wer so mit Geld zu zaubern verstehe (wenn man es recht bedenkt, so war es ja eher ein ziemlich fauler Zauber), der müsse auch die völlig zerrütteten dänischen Staatsfinanzen sanieren können. Das gelang Schimmelmann in erstaunlich kurzer Zeit, und dafür wurde er auch königlich belohnt: Er bekam die einzige dänische Gewehrfabrik geschenkt, wurde in den Adelsstand erhoben und mit den Titeln eines Barons und eines Schatzmeisters bedacht und somit Finanz- und Wirtschaftsminister Dänemarks in einer Person.

Heinrich Carl von Schimmelmann, um 1765

Schimmelmann kaufte in Nordjütland das Gut Lindenborg und in Schleswig-Holstein die Schlösser und Güter Ahrensburg (1759) und Wandsbek (1762). Das alte Wandsbeker Schloß von 1568 ließ er abreißen, ausgenommen den Turm, weil auf dem 1597/98 der berühmte dänische Astronom Tycho Brahe seine Beobachtungen gemacht hatte. Neben diesen Turm setzte er nun ein neues, fünfzig Räume umfassendes prächtiges Schloß mit einem großen, von einem Kanal durchzogenen Park, der überging in ein gepflegtes kleines Wäldchen, das Baron Schimmelmann unter dem Namen *Wandsbeker Gehölz* der Bevölkerung zugänglich machte. Und nicht nur das: Schimmelmann begann schon 1762 mit der Errichtung einer Kattunfabrik, welcher in den nächsten zwanzig Jahren noch vier weitere folgen sollten, baute für die Arbeiter billige Mietwohnungen und gründete eine Kranken- und Altersversorgung, was damals noch für ganz ungewöhnlich galt.

Aber Schimmelmann wollte nicht nur viele Menschen in Arbeit und Brot setzen, er legte auch Wert auf eine redliche Moral. Dafür erschien ihm die bestehende Wandsbeker Zeitung wenig geeignet, und so beauftragte er den Verleger und Drucker Bode, für eine neue Wandsbeker Zeitung zu sorgen. Das wollte Bode gern tun, aber dazu brauchte er einen Redakteur, der die Nachrichten sichtete und formulierte und der sich auf das Geschäft verstand, eine gleicherweise unterhaltende und moralisch-erbauliche Zeitung auf die Füße zu stellen, ein Blatt, das jeder gern zur Hand nehmen sollte. Bode erinnerte sich an Matthias Claudius, dem gerade gekündigt worden war, und bot ihm an, Redakteur des nun zu gründenden Blattes unter dem Titel *Der Wandsbecker Bothe* zu werden.

Vergnügt schreibt Claudius am 28. Oktober 1770 an Gerstenberg: »Auf Neujahr legt Bode eine Zeitung in Wandsbek an und ich werde sie schreiben helfen. Ich wollte gerne, daß der gelehrte Artikel zwar nicht grade besser wäre als in vielen andern Zeitungen, aber etwas eignes muß er haben und nicht so wie die andern sein, geben Sie mir Ihre Gedanken über die Einrichtung doch auch mit zum besten, ich sammle itzo Stimmen deswegen.«

Der eigene Ton, den diese Zeitung haben soll, ist ihm wichtig. Auch Johann Gottfried Herder, der in Bückeburg lebt und den Claudius bei dessen Besuch in Hamburg kennengelernt hat, wird gebeten, darüber nachzudenken und Vorschläge zu machen. So sollen in dem neuen Blatt natürlich auch Bücher besprochen werden (was zu den »gelehrten Artikeln« gehört), doch »ein naiver launigter Ton in den Rezensions wäre freilich ganz gut, aber kein Mensch kann ja nicht alle Rezensions machen, und wer darf anderer Leute Arbeit ändern? und so ferner, kurz es schwebt mir manchmal so etwas vor Augen, aber ich kann es nicht recht gewahr werden«.

Die ganz persönliche, unverwechselbare Note hat Claudius bald gefunden. Sei es, daß ihn der Titel des Blattes – *Der Wandsbecker Bothe* – inspirierte oder daß er vielleicht selber der Erfinder dieses Titels war: Claudius entwickelt die Gestalt des Boten. Der bildhafte Titel ist zugleich Programm: Claudius schlüpft in die fiktive Rolle eines Boten, der Nachrichten und Ereignisse vermittelt, seine persönlichen Ansichten allerdings nicht hinter einer scheinbaren Objektivität verbergen will. Gewiß, zunächst einmal stellt er sich bescheiden als ein Überbringer vor. Als am 1. Januar 1771 die erste Ausgabe der neuen Zeitung erscheint, steht auf der Titelseite ein Gedicht, das mit den Worten beginnt:

> Ich bin ein Bote und nichts mehr,
> Was man mir gibt das bring ich her,
> Gelehrte und polit'sche Mär; [...]

Vieles möchte der Bote vermitteln, Briefe sind verschickt worden mit der Einladung zur Mitarbeit, aber die erbetenen Beiträge kommen nur langsam oder gar nicht, und also muß der Bote selbst zur Feder greifen, denn »es hat mir keiner nichts gegeben«. Und so kündigt er an: »Wenn die Leser vorlieb nehmen wollten, so wollte ich wohl was wagen.«

Und so erfindet Claudius neben dem Boten, der sich Asmus nennt, noch dessen Vetter Andres und druckt ihrer beider Briefe. Das gibt einen lebendigen Ton und bietet die Möglichkeit, manches Wissens- und Bedenkenswerte dialogisch in die Korrespondenz zu mischen. Gelegentlich erinnern sich der Bote und Andres ihres gemeinsamen Lehrers, »Herr Ahrens«, und dieser Herr Ahrens wird immer dann zitiert, wenn es darum geht, eine sich einzig auf Vernunft gründende Lehrmeinung vorzustellen. Natürlich hat Claudius nichts gegen die Vernunft, aber er ist der Meinung, daß sie allein nicht ausreicht, den Menschen zum Menschen zu machen, da sie die Gefühle ausschließt.

Als der von Claudius so verehrte Friedrich Gottlieb Klopstock 1771 neue Gedichte veröffentlicht (übrigens beim gemeinsamen Verleger Bode), erscheint im *Wandsbecker Bothen* eine Besprechung, die ganz unvermittelt so einsetzt: »Nein, Verse sind das nicht; Verse müssen sich reimen, das hat uns Herr Ahrens gesagt. Er zupfte mich einmal am Ohr und sagte ›hier ein Ohr und hier ein Ohr, das reimt sich und Verse müssen sich auch reimen.‹ Ich kann auch 200 Verse in einer Stunde lesen, und es ficht mich nicht mehr an, als wenn ich durchs Wasser wate, und spielen die Reime wie Wellen an den Hüften; aber hier kann ich nicht aus der Stelle, und es ist mir als wenn bei jeder Zeile Göttergestalten aus der Erde stiegen von denen ich ehedem Träume und Ahnungen gehabt habe, die hier in ihre Erfüllung gehen. Zwar ist es gedruckt wie Verse und es ist viel Wohllaut und Klang darin, aber es sind doch keine Verse.«

Friedrich Gottlieb Klopstock,
Gemälde von Jens Juel, 1779

Claudius stellt sich bewußt naiv. Er möchte, daß seine Leser diesen Band mit Klopstocks Oden in die Hand nehmen, auch wenn sie vielleicht nicht so genau wissen, was Oden sind und warum diese Gedichte sich nicht reimen. »Es sind doch Verse, ich habe meinen Vetter gefragt«, erzählt der Bote zwei Zeitungsausgaben später: »Wenn man ein Stück zum ersten mal lieset, kömmt man aus dem hellen Tag in eine dämmernde Kammer voll Schildereien [Gemälde]; anfangs kann man nichts sehen, wenn man aber darin weilet, fangen die Schildereien nach und nach an sichtbar zu werden und sprechen süße Lispel ins Herz, und denn macht man die Kammer zu, und beschließt sich darin, und geht auf und ab, und kann des Sehens und Hörens nicht satt werden.« Und er zitiert Klopstocks Gedicht *Die frühen Gräber* aus dem neuen Band und setzt hinzu: »Das wollt ich wohl gemacht haben...«

Es sind also Verse, auch wenn sie sich nicht reimen und griechische Bezeichnungen tragen wie Ode und Elegie. Nicht die gelehrte Rezension vom Kenner für den Kenner will Claudius schreiben, er will vielmehr, gleichsam plaudernd, den Leser an die Hand nehmen und ihn auf die Schönheiten der »Schildereien« aufmerksam machen und ihm jegliche Scheu vor der Neuartigkeit solcher Dichtung nehmen, und so gerät ihm diese Besprechung unversehens zu einem eigenen kleinen Kunstwerk. Nun zurück zu Herrn Ahrens, drei Jahre später. Da schreibt der Bote an Vetter Andres:

»Mein lieber Andres, Seine Astronomie hat Er wohl mit Haut und Haar wieder vergessen? Ich weiß noch, 's pflegt' Ihm hart einzugehn, was Herr Ahrens uns von Triangeln und Zirkeln vormachte, und doch mocht ich Ihn damals schon lieber leiden. Herr Ahrens wußte wohl alles auf'n Fingern, und Er konnte nichts begreifen; aber dagegen konnt Er auch in Seiner Einfalt so 'ne ganze halbe Stund einen hellen Stern ansehn und sich so in sich darüber freuen, und das konnte Herr Ahrens nicht, und darum mocht ich Ihn lieber leiden, sieht Er! Und darum schreib ich Ihm auch diesen Brief, weil übermorgen abend recht was Schöns am Himmel zu sehn ist. 's wird nämlich der Abendstern eine Stund nach Sonnenuntergang, wenn reine Luft ist versteht sich, groß und hell am Himmel dastehen, im Westen, und dicht unter ihm zur Linken der Jupiter und zur Rechten der Mond. – Wie das zusammenhängt, daß die drei schönen Himmelslichter so dicht nebeneinander stehen, das mag Herr Ahrens demonstrieren; Er aber soll vor Seine Tür heraustreten, und nach meinem lieben Mond und den beiden freundlichen Sternen hinsehn, und, was Ihm, wenn er nun so vor Seiner Tür steht und hinsieht, Andres, was Ihm denn durch'n Sinn fahren wird, sieht Er! das gönnt Ihm Sein alter Schulkamrad, und davon weiß Herr Ahrens nichts.«

Nicht, daß Claudius die Astronomie und alle Wissenschaften für belanglos hielte, das gewiß nicht. Aber er wünscht sich, der Mensch möge neben der wissenschaftlichen Erkenntnis im Naturbeobachten auch noch etwas anderes erkennen: die wunderbare Schöpfung Gottes, und der Mensch möge sich im staunenden Anblick der Gestirne an das erinnern, was er ist und was Gott und die Natur. Claudius hat später, nicht im *Wandsbecker Bothen*, ein Gedicht veröffentlicht, in dem mit den Mitteln der Lyrik das dargestellt ist, worauf Asmus den Vetter Andres aufmerksam macht:

Die Sternseherin Lise

Ich sehe oft um Mitternacht,
  Wenn ich mein Werk getan
Und niemand mehr im Hause wacht,
  Die Stern am Himmel an.

Sie gehn da, hin und her zerstreut
  Als Lämmer auf der Flur;
In Rudeln auch, und aufgereiht
  Wie Perlen an der Schnur;

Und funkeln alle weit und breit,
  Und funkeln rein und schön;
Ich seh die große Herrlichkeit,
  Und kann mich satt nicht sehn ...

Dann saget, unterm Himmelszelt,
  Mein Herz mir in der Brust:
»Es gibt was Bessers in der Welt
  Als all ihr Schmerz und Lust.«

Ich werf mich auf mein Lager hin,
  Und liege lange wach,
Und suche es in meinem Sinn,
  Und sehne mich darnach.

Der Bote möchte seinen Lesern Mut machen, ganz unbefangen sich den Dingen zu nähern, dem Sternenhimmel wie Klopstocks Oden, unerachtet, was nun Herr Ahrens dazu sagt, und der Herr Ahrens ist ein Mensch, der diese Unbefangenheit längst verlernt hat und der vor lauter Wissen nicht mehr staunen kann. Als 1774 ganz Deutschland von einem ungewöhnlich erfolgreichen Roman redet, den ein junger Autor namens Johann Wolfgang Goethe verfaßt hat und der *Die Leiden des jungen Werthers* heißt, nimmt auch der Bote Stellung. Die Geschichte Werthers, der sich aus unglücklicher Liebe eine Kugel in den Kopf schießt, hat überall wahre Tränenbäche fließen lassen. Der Bote kommentiert das Ereignis mit wenigen Sätzen:

»Weiß nicht, obs'n Geschicht oder 'nen Gedicht ist; aber ganz natürlich gehts her und weiß einem die Tränen recht aus'm Kopf herauszuholen. Ja, die Liebe ist'n eigen Ding; läßt sich's nicht mit ihr spielen wie mit einem Vogel. Ich kenne sie, wie sie durch Leib und Leben geht und in jeder Ader zückt und stört und mit'm Kopf und der Vernunft kurzweilt. Der arme Werther! er hat sonst so gute Einfälle und Gedanken. Wenn er doch eine Reise nach Paris oder Peking getan hätte. So aber wollt' er nicht weg vom Feuer und Bratspieß und wendet sich so lange d'ran herum bis er kaputt ist; und das ist eben das Unglück, und darum sollten sie unter der Linde an der Kirchhofmauer neben seinem Grabe eine Grasbank machen, daß man sich darauf hinsetze und den Kopf in die Hand lege und über die menschliche Schwachheit weine. – Aber wenn du ausgeweint hast, sanfter guter Jüngling, wenn du ausgeweint hast; so hebe den Kopf fröhlich auf und stemme die Hand in die Seite, denn es gibt Tugend, die, wie die Liebe, auch durch Leib und Leben geht und in jeder Ader zückt und stört. Sie soll nur mit viel Ernst und Verleugnung errungen werden und deswegen nicht sehr bekannt und beliebt sein, aber wer sie hat, dem soll sie auch dafür reichlich lohnen, bei Sonnenschein und Regen, und wenn Freund Hain mit der Hippe [Sense] kommt.«

Kein Wort über den *Werther* als literarisches Kunstwerk, für den Boten steht im Vordergrund die Moral, das abschreckende Beispiel, denn tatsächlich sind damals in Deutschland viele unglücklich Verliebte Werthers Beispiel gefolgt und haben sich umgebracht, ein Grund, warum die Kirche mancherorts sogar für das Verbot dieses Romans plädierte.

Hier wie auch sonst schreibt Claudius, wie er spricht: »'n Gedicht«, »aus'm Kopf«, das ist nicht üblich. Mancher hält das für eine Marotte und ärgert sich über die vorgebliche Naivität. Doch Claudius will sich nicht den Anschein des Einfältigen geben, er versucht, über den mündlichen Charakter seines Schreibens die Distanz zum Leser abzubauen, ihn gleichsam in ein Gespräch zu ziehen. Deswegen setzt er auch Nachrichten in seine Zeitung wie diese: »Frankfurt an der Oder. Den 26. Jan. [1774] ist der bekannte Herr Doktor und Professor der Theologie Töllner gestorben, in einem Alter von 50 Jahren, da er doch 100 hätte alt werden sollen.« Oder, am Ende des politischen Nachrichtenteils: »Wandsbek, den 25. April [1775]. Gestern hat hier die Nachtigall zum erstenmal wieder geschlagen.«

Solche eigenwilligen Nachrichten bleiben aber die Ausnahme. Die Meldungen aus aller Welt, die Claudius aus anderen Zeitungen nachdruckt (denn natürlich kann sich sein Blatt keine Auslandskorrespondenten leisten), sind ebenso nüchtern und trocken formuliert, wie er sie vorgefunden hat. Und viel Information enthalten sie auch nicht. Ob nun eine Fürstin auf Reisen ist, ein Offizier befördert wird, ein schwerer Hagelschlag niedergeht oder in London Gesetze verabschiedet werden, deren Inhalt man nicht einmal erfährt, ist in einer Zeit, in der Nachrichten ohnehin mit wochenlanger Verspätung eintreffen, auch nicht allzu wichtig. Aber die erste Nachtigall als Frühlingsbote – das zählt, das hat Gewicht.

Und als am 4. Dezember 1773 ganz plötzlich der Vater, Pastor Claudius in Reinfeld, stirbt – er hatte noch am Vormittag seines Todestags die Sonntagspredigt gehalten –, wird auch dieser Tod den Lesern des *Wandsbecker Bothen* mitgeteilt, als Gedicht:

Bei dem Grabe meines Vaters

Friede sei um diesen Grabstein her!
  Sanfter Friede Gottes! Ach, sie haben
Einen guten Mann begraben,
  Und mir war er mehr;

Träufte mir von Segen, dieser Mann,
  Wie ein milder Stern aus bessern Welten!
Und ich kann's ihm nicht vergelten,
  Was er mir getan.

Er entschlief; sie gruben ihn hier ein.
  Leiser, süßer Trost, von Gott gegeben,
Und ein Ahnden von dem ew'gen Leben
  Düft um sein Gebein!

Bis ihn *Jesus Christus,* groß und hehr!
  Freundlich wird erwecken – ach, sie haben
Einen guten Mann begraben,
  Und mir war er mehr.

*Abbildung zum Gedicht „Bei dem Grabe meines
Vaters" aus dem Wandsbecker Bothen*

Der Trost, die Seele des Vaters in Gottes Obhut zu wissen, und die Gewißheit, auch selbst eines Tages nicht ewiger Zerstörung preisgegeben zu sein, das ist das eine; aber es bleibt natürlich die Trauer der Trennung von einem Menschen, der für die Reinfelder Gemeinde »ein guter Mann« gewesen ist, von dem aber der Sohn bekennen konnte: »Und mir war er mehr«. Wir wissen nichts über das Verhältnis zwischen Vater und Sohn Claudius, es existieren keine Briefe, keine Berichte. Möglich, daß sich der Vater Sorgen machte um den Sohn, dem es nicht so recht gelingen wollte, einen bürgerlich-soliden Grund unter die Füße zu bekommen, und der in einem Beruf arbeitete, der dem Vater eher etwas dubios erscheinen mochte, nämlich dem des Journalisten. Aber eines erfahren wir aus diesen liebevollen, innigen Versen: Wie sehr nämlich der Sohn an seinem Vater gehangen, dem er sich verschuldet fühlte: »Und ich kann's ihm nicht vergelten, / Was er mir getan.«

Wie mochte wohl der Vater auf die Ehe des Sohnes reagiert haben? »Ja, die Liebe ist 'n eigen Ding [...]. Ich kenne sie, wie sie durch Leib und Leben geht«, hatte Matthias Claudius 1774 geschrieben. Bei der Wohnungssuche im Dezember 1770 war er der sechzehnjährigen Tochter des Tischlermeisters Joachim Friedrich Behn begegnet. Rebecca heißt sie, und der dreißigjährige Journalist verliebt sich in sie. Gerne würde er sie heiraten, aber wovon Hausrat und Familie finanzieren, wenn das Einkommen eines Redakteurs hinten und vorne nicht reicht? Claudius bittet die Freunde, ihm zu einer besser bezahlten Stelle zu verhelfen.

»Ich habe ein Mädchen lieb gewonnen, ein einfältiges, ungekünsteltes Bauernmädchen«, schreibt er am 20. September 1771 an Herder, Prediger und Konsistorialrat in Bückeburg. »Wenn Sie mir dort eine kleine Stätte auf dem Lande bereiten könnten (welche es auch sei, Sie wissen, was ich für Künste kann), wenn Du es kannst so sei darum gebeten [...]. Es geben sich verschiedene hier zu Lande meinethalben Mühe, aber ich weiß nicht, das Herz schlägt mir stärker, wenn ich dahin denke, wo dieser Brief über ein kleines sein wird. Sie antworten mir den ersten Posttag vorläufig, damit ich mich hier zu Lande danach richten kann.«

Wenn er Rebecca, die Handwerkertochter, über Jahre sein »Bauernmädchen« nennt (»ein ungekünsteltes, rohes Bauernmädchen«), so möchte er betonen, daß sie »ein Kind aus dem Volke« ist, wie man damals gern sagt, aber alles andere als dumm. In einer Zeit, da es noch keine allgemeine Schulpflicht gibt und nicht eben viele Menschen Lesen und Schreiben gelernt haben, ist Rebecca darin durchaus geübt, auch wenn sie sich mit der Rechtschreibung etwas schwer tut, was nicht unbedingt ein Makel ist in einer Epoche, die eine verbindliche Orthographie überhaupt nicht kennt, so wenig wie eine vorgeschriebene Interpunktion. Rebecca besitzt einen hellen Verstand, ist praktisch und umsichtig und hat ein so kluges wie schönes Gesicht. »Mir glühen oft die Fußsohlen für Liebe«, schreibt Claudius begeistert.

Als am 15. März 1772 einige Freunde zu Besuch nach Wandsbek kommen – Klopstock, der Verehrte, ist dabei und Schönborn (beide sind 1770 von Kopenhagen nach Hamburg gezogen), auch der Verleger Bode –, unterhält Claudius die Runde mit fröhlichen Bemerkungen übers Heiraten, und ganz wie zufällig kommt der Wandsbeker Pastor hinzu und traut (»kopuliert«, sagt man damals) Matthias und Rebecca auf der Stelle; die notwendigen Formalien zu dieser Zeremonie hatte Claudius in aller Stille vorher besorgt.

Dabei ist die Frage, wovon die Frischverheirateten eigentlich leben wollen, noch immer nicht geklärt. Aber zu Claudius gehört nun einmal ein unbekümmertes und unerschütterliches Gottvertrauen:

> Gott gebe mir nur jeden Tag,
>   Soviel ich darf zum Leben.
> Er gibt's dem Sperling auf dem Dach;
>   Wie sollt er's mir nicht geben!

Ein erstes Kind kommt zu früh auf die Welt und ist noch nicht lebensfähig; als zweites wird am 7. Februar 1774 die Tochter Caroline geboren. Die Lebensverhältnisse der kleinen Familie sind überaus dürftig, aber man lebt in einem kleinen Dorf immer noch weitaus günstiger als in einer Großstadt wie Hamburg. Das ein und andere werden die Behns, Rebeccas Eltern, beigesteuert haben, und auch der Baron Schimmelmann und seine Frau mit dem sinnigen Vornamen Tugendreich erweisen sich als hochherzige Gönner. So gestattet Schimmelmann, daß sich Claudius jederzeit einen Karpfen aus seinem Schloßteich fischen darf, wenn er darauf Appetit hat. Es gibt überhaupt viel Hilfsbereitschaft im kleinen Wandsbek, das man sich in jener Zeit wie einen großen Park mit ein paar Häusern darin vorstellen muß, Hilfsbereitschaft und gute Nachbarn. »Ich lebe sehr vergnügt und glücklich«, schreibt Claudius an Gerstenberg, »und wenn ich jährlich einhundert Taler mehr hätte, würde ich mich nach nichts umsehen.«

Wandsbek 1835: Auf der linken Seite dieser Straße, einige hundert Meter geradeaus in Richtung der Kirche, lag das von Claudius gemietete Haus.

Am 12. August 1774 wird Claudius in die Hamburger Freimaurerloge »Zu den drei Rosen« aufgenommen. Mitglieder dieser Loge waren vor ihm schon seine Freunde Klopstock und Schönborn, Johann Heinrich Voß und Friedrich von Stolberg geworden. Die Freimaurerei stammte aus England und war eine Gründung von Freidenkern, das heißt von Menschen, die das Christentum nicht eng und unduldsam lebten, sondern jenseits strenger Dogmen und sich dabei tolerant gegenüber Andersgläubigen verhielten, was von der Kirche nicht gerade gern gesehen wurde. Diese Freidenker nun gründeten eine Gesellschaft, für die sie einige Symbole und Bezeichnungen aus dem Steinmetzhandwerk entliehen; so trugen sie bei ihren Versammlungen einen Maurerschurz, Hammer und Kelle und gliederten sich nach Meister, Gesellen und Genossen. Die Freimaurer-Gesellschaften nannten sich Logen; die erste wurde 1717 in London gegründet, die erste deutsche zwanzig Jahre später in Hamburg. Die Freimaurer wirkten im Geist der Humanität, Brüderlichkeit und Toleranz, sie stifteten in der Stille Gutes, indem sie Menschen halfen, die unverschuldet in Not geraten waren.

Sie wirkten ganz im Sinne der Aufklärung und anerkannten keine Standes- und Glaubensgrenzen. Das bedeutete im Deutschland des 18. Jahrhunderts sehr viel, denn die gesellschaftliche Rangordnung vom Fürsten über die Aristokraten und Bürger bis hin zum Bauern galt als äußerst wichtig. Viel Wert wurde auf Titel gelegt und auf das »von« vor dem Namen, und in manchen Staaten und Städten bestanden ausgeklügelte Kleidervorschriften, wer welche Stoffe und welchen Schmuck tragen durfte. Und ebendiese Ordnung, die den Wert des Menschen nach seiner Standes- und Glaubenszugehörigkeit bemessen wollte, mochten die Freimaurer nicht anerkennen.

Zur Popularität der Logen trug bei, daß sie, wie alle solche Orden und Geheimgesellschaften im 18. Jahrhundert, eine übertriebene Geheimniskrämerei pflegten und auf mystische Bräuche und rätselhafte Rituale großen Wert legten. Dadurch schrieb man ihnen mehr Macht zu, als sie tatsächlich besaßen. Die Freimaurerei war im 18. Jahrhundert so beliebt, daß kaum eine Persönlichkeit des deutschen Geisteslebens nicht zu ihr gehörte. Freimaurer waren Lessing und Goethe, Haydn und Mozart, und auch Fürsten wie König Friedrich II. von Preußen gehörten dazu.

Ob das Wirken als Freimaurer Claudius sehr viel bedeutet hat, wissen wir nicht. Seine Zugehörigkeit zeigt aber auch, wie wichtig ihm der Gedanke der Toleranz gewesen ist. Gewiß, er war ein überzeugter evangelischer Christ, und die Loge »Zu den drei Rosen« nahm nur Christen auf – andere Logen fragten nicht nach der Konfession –, aber das bedeutet nicht, daß Claudius auf andere Glaubensvorstellungen herabgesehen hätte, wie noch zu zeigen sein wird.

Im *Wandsbecker Bothen* veröffentlicht er 1773 das Gedicht *Der Schwarze in der Zuckerplantage:*

> Weit von meinem Vaterlande
>   Muß ich hier verschmachten und vergehn,
> Ohne Trost, in Müh und Schande;
>   Ohhh die weißen Männer!! klug und schön!
> Und ich hab den Männern ohn Erbarmen
>   Nichts getan.
> Du im Himmel! hilf mir armen
>   Schwarzen Mann!

Wie ist Claudius zu diesem Thema gekommen? Sein Gönner, Heinrich Carl Baron von Schimmelmann, gehört zu den größten europäischen Sklavenhaltern. Auf seinen westindischen Zuckerplantagen arbeiten 1773, als dies Gedicht erscheint, 974 Negersklaven (neun Jahre später werden es 1028 sein). Sie ernten den Zucker, der in Schimmelmanns eigener Raffinerie in Kopenhagen verarbeitet wird. Der aus Zuckerrohr gewonnene Zucker (der Rübenzucker ist noch nicht entdeckt) ist sehr teuer, und im Zuckergeschäft sind riesige Gewinne zu erzielen. Sklavenarbeit aber ist billig, denn die Versklavten haben nur Anspruch auf bescheidene Arbeitskleidung und dürftiges Essen. Noch gewinnbringender allerdings ist der Handel mit den aus Afrika geraubten und unter unmenschlichen Bedingungen nach Amerika verschifften Menschen, zynisch auch als »schwarzes Elfenbein« bezeichnet, denn der Mensch schwarzer und brauner Hautfarbe gilt nicht als ein dem Weißen ebenbürtiger Mensch, sondern als ein Stück Handelsware, mit dem sich prächtige Gewinne erzielen lassen. Ein guter Teil des Schimmelmannschen Millionenvermögens resultiert aus dem Transport und Weiterverkauf von Sklaven in die USA, wo ein enormer Bedarf nach billigen Arbeitskräften besteht. Am glücklichsten sind noch jene Schwarzen, die als Dienstpersonal nach Europa kommen. Man bezeichnet sie als »Mohren« (nach den Mauren, die im Mittelalter Teile Europas besetzt hatten und aus Nordafrika stammten), und einen »Kammermohren« zu besitzen gilt zu jener Zeit in ganz Europa als Statussymbol, da ihr Import teuer ist. Sie werden farbenprächtig gekleidet und arbeiten als Diener im Haushalt. Natürlich tun auch im Wandsbeker Schloß solche Kammermohren ihren Dienst, Claudius kennt sie und wird von ihnen viel über das Schicksal jener erfahren haben, die auf den Plantagen der Weißen wie Vieh schuften müssen, entwürdigt, gedemütigt und versklavt bis an das Ende ihres Lebens.

Schimmelmann hat nichts dagegen einzuwenden, daß ein solches Gedicht im *Wandsbecker Bothen* gedruckt wird, er empfindet es nicht als Anklage, da der Handel mit Sklaven und ihre Ausbeutung als billige Arbeitskräfte gang und gäbe ist. Warum und wozu soll er sich da Vorwürfe machen? Dennoch kommt das Gedicht zur rechten Zeit, und es ist, als hätte Claudius damit ein Zeichen gegeben. Über die unmenschliche Behandlung der Sklaven empört sich drei Jahre später Christian Friedrich Daniel Schubart in der von ihm herausgegebenen Zeitschrift *Teutsche Chronik* und bezieht sich dabei ausdrücklich auf das Gedicht von Claudius. Es sind dann die Kinder Schimmelmanns, die nach dem Tod des Vaters (1782) sein Sklavenimperium liquidieren, noch ehe 1792 Dänemark den Sklavenhandel verbietet.

»Mit dem *Wandsbecker Bothen* wills nicht recht fort, und ich glaube, daß ers nicht lange mehr aushält«, hatte Claudius schon 1772 an Herder geschrieben. »Bode wäre auch nicht gescheit, wenn er ihn zu seinem Schaden noch lange fortsetzte.« So ist es. Über einen Stamm von etwa 400 Lesern kommt das Blatt mit einem Umfang von nur vier Seiten nicht hinaus, und es hilft ihm auch nicht, daß die Besten unter den deutschen Autoren Beiträge liefern und der *Bothe* ein hohes Ansehen genießt. Seit dem 1. Januar 1773 erscheint die Zeitung unter dem Titel *Der Deutsche, sonst*

Wandsbecker Bothe, aber das gewinnt dem Verleger keinen neuen Abonnenten.

Im Herbst 1774, als Claudius spürt, daß es »mit dem *Bothen* nicht weit mehr vom Amen zu sein scheint«, beschließt er, alles bisher von ihm Geschriebene als »gesammelte Werke« in Buchform herauszugeben. Im November macht eine Anzeige auf die Möglichkeit zur Subskription aufmerksam, eine damals im Verlagsbuchhandel gängige Form, denn je mehr Interessenten subskribieren, desto größer die Auflage, desto niedriger der Preis. Das Subskriptionsverfahren hat auch das Angenehme, daß der Verleger – in diesem Falle ist es Bode – weiß, mit wie vielen verkauften Exemplaren er rechnen kann. Allerdings besorgt Bode nur das Technische, denn Claudius verkauft seine Schriften auf eigene Kosten. In seiner Annonce schreibt er: »Schließlich wissen die geneigten Leser aus dem *Göttinger Musenalmanach,* wo ich mir manchmal auch einen andern Namen [Asmus] gebe, und sonderlich aus dem *Wandsbecker Bothen,* was sie zu erwarten haben, und ich bin unschuldig, wenn einer subskribiert und hernach nicht zufrieden ist.«

Asmus omnia sua secum portans, oder Sämmtliche Werke des Wandsbecker Bothen I. und II. Theil erscheint im Frühjahr 1775. Die Freunde helfen, das Büchlein unter die Leute zu bringen und Subskribenten zu werben: Herder in Bückeburg, Hölty in Hannover, Voß und Boie in Göttingen, Schubart und Miller in Ulm und Wieland in Weimar.

Bei so viel Prominenz kann ein bescheidener Erfolg nicht ausbleiben, zumal die Freunde nicht nur werben, sondern, nachdem das Buch erschienen ist, auch Exemplare abnehmen und für Claudius verkaufen, Heinrich Christian Boie in Göttingen zum Beispiel nimmt 40 Exemplare ab. »So bald es möglich ist«, schreibt ihm Claudius, »bitte ich mir das Geld aus, weil ich Papier und Druck bezahlen muß.«

Auch der Philosoph Johann Georg Hamann in Königsberg, der mit Claudius eine intensive Korrespondenz führt, annonciert für den Wandsbeker Freund in Königsberg. Hamann ist ein in manchem Claudius verwandter Mystiker, der eine kraftvolle, bilderreiche Sprache schreibt, die nur leider oft so dunkel und verrätselt ist, daß man ihn schwer versteht, weswegen sein Einsatz für das *Asmus*-Buch nicht einen einzigen Subskribenten einträgt. An Herder schreibt Claudius im Mai 1775 ein wenig belustigt:

»Von Hamann habe ich diesen Winter verschiedene Briefe gehabt, die ich alle gelesen, aber versteht sich, nicht verstanden habe. Indes versteht man doch hie und da ein halbes Wort und wer hat es denn gesagt, daß man alle Briefe verstehen soll, die man lieset? Ich danke Ihnen aber recht sehr, daß Sie mich mit dem Zeichendeuter bekannt gemacht haben, ich mag gern mit ihm zu tun haben.«

Wie es damals üblich ist, eröffnet das Buch eine *Dedikation,* eine Widmung. Für gewöhnlich dediziert ein Autor sein Werk einem Gönner, der ihn finanziell unterstützt oder durch die Dedikation indirekt dazu aufgefordert wird. Der Gönner des Matthias Claudius oder Asmus, von dem bestimmt kein Pfennig zu erwarten ist, heißt der Tod oder, wie ihn Claudius nennt, »Freund Hain«. Der ist gegenüber der Widmungsseite ganzseitig abgebildet als ein Knochenmann mit der Sense (der »Hippe«), vom Kupferstecher Johann Martin Preisler sauber gestochen.

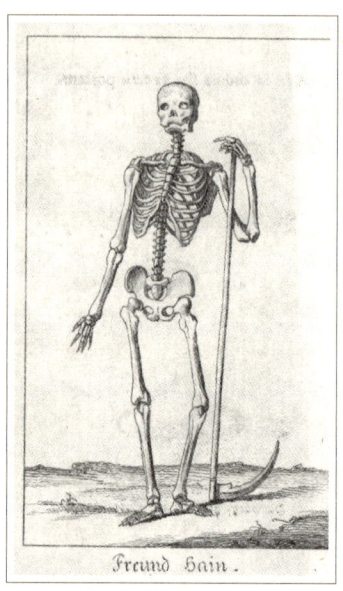

»Freund Hain«, Titelseite der Buchausgabe
des »Wandsbecker Bothen«

In der *Dedikation* heißt es:

»'s soll Leute geben, heißen starke Geister, die sich in ihrem Leben den *Hain* nichts anfechten lassen, und hinter seinem Rücken wohl gar über ihn und seine dünnen Beine spotten. Bin nicht starker Geist: 's läuft mir, die Wahrheit zu sagen, jedesmal kalt übern Rücken wenn ich Sie ansehe. Und doch will ich glauben, daß Sie 'n *guter* Mann sind wenn man Sie genug kennt; und doch ist's mir als hätt ich eine Art Heimweh und Mut zu dir, du alter Ruprecht Pförtner! daß du auch einmal kommen wirst, meinen Schmachtriemen aufzulösen, und mich auf beßre Zeiten sicher an Ort und Stelle zur Ruhe hinzulegen.

Ich hab da 'n Büchel geschrieben, und bring's Ihnen her. Sind Gedichte und Prosa. Weiß nicht, ob Sie 'n Liebhaber von Gedichten sind; sollt's aber kaum denken, da Sie überhaupt keinen Spaß verstehen, und die Zeiten vorbei sein sollen wo Gedichte mehr waren. Einiges im Büchel soll Ihnen, hoff ich, nicht ganz mißfallen; das meiste ist Einfassung und kleines Spielewerk: machen Sie 'mit was Sie wollen.

Die Hand, lieber *Hain!* und, wenn Ihr 'nmal kommt, fallt mir und meinen Freunden nicht hart.«

Und er fügt eine Kindheitserinnerung hinzu, die dem Leser erklären soll, warum er Freund Hain als Knochenmann hat abbilden lassen und nicht, wie in der Antike, in etwas freundlicherer Gestalt:

»So steht er in unsrer Kirch, und so hab ich 'n mir immer von klein auf vorgestellt daß er auf'm Kirchhof über die Gräber hinschreite, wenn eins von uns Kindern 's Abends zusammenschauern tat, und die Mutter denn sagte: der Tod sei übers Grab gegangen. Er ist auch so, dünkt mich, recht schön, und wenn man ihn lange ansieht wird er zuletzt ganz freundlich aussehen.«

Warum Claudius den Tod – *»er* soll als Schutzheiliger und Hausgott vorn an der Haustüre des Buchs stehen« – als »Freund Hain« bezeichnet, darüber ist viel gerätselt worden. Claudius hat die Antwort immer verweigert. In seinem geliebten Plattdeutsch – Hochdeutsch sprach er nur mit Fremden – schreibt er einmal: »Freund Hain! breckt jüm den Kopp nich entwei, mine Herren, deiht nix, wenn't Geheimnis bliwwt, mi sülben is dat'n Geheimnis, deshalb hol' ick den Mund.«

Seine Zeitgenossen hielten Claudius für den Erfinder dieses Ausdrucks (er sich wahrscheinlich auch). Heute weiß man, daß es sich dabei um eine schon ein Jahrhundert vor ihm nachweisbare Tabubezeichnung handelt, mit der der Volksmund verhüllend den Tod umschrieb. Claudius ist also der Einführer dieses Worts in die deutsche Schriftsprache, nicht mehr und nicht weniger. Durch ihn ist »Freund Hain« populär geworden, und wir benutzen den Ausdruck noch heute.

Für das 18. Jahrhundert ist der Tod ein vertrauter Hausgenosse. Die Lebenserwartung ist niedrig, die Kindersterblichkeit außerordentlich hoch. Auch das erste Kind von Matthias und Rebecca starb gleich nach der Geburt, der Junge habe nur so lange gelebt, schreibt sein Vater, »daß er einmal recht herzlich zum Monde aufweinen konnte«. Er selber hatte in seiner Kindheit in einem Jahr drei seiner Geschwister sterben sehen und später während seiner Studienzeit den Bruder. Gestorben wurde nicht in anonymen Kliniken, sondern zu Hause, im Kreis der Familie, wo auch der Tote bis zur Beerdigung aufgebahrt blieb. So wie man in der Familie ins Leben eintrat, so schied man auch von ihr im Sterben, und wer noch die Kraft besaß, sammelte die Angehörigen um sein Bett, um Abschied zu nehmen. So war der Tod immer in einem für uns Heutige kaum vorstellbaren Ausmaß in das Leben integriert.

Seinem Freunde Voß schickt Claudius am 21. August 1774 ein Gedicht, das der Freund im *Göttinger Musenalmanach* abdrucken soll:

Der Tod und das Mädchen

Das Mädchen

Vorüber! Ach vorüber!
Geh wilder Knochenmann!
Ich bin noch jung, geh Lieber!
Und rühre mich nicht an.

Der Tod

Gib deine Hand, du schön und zart Gebild!
Bin Freund, und komme nicht, zu strafen.
Sei gutes Muts! ich bin nicht wild,
Sollst sanft in meinen Armen schlafen!

Die Bibel vergleicht den Menschen mit einer Blume, die verwelkt. Ein Lied aus dem Dreißigjährigen Krieg – »Es ist ein Schnitter, heißt der Tod« – spricht von den Blumen, die heute blühen und morgen der Sense des Todes anheimfallen; es wurde gedichtet anläßlich des Todes eines jungen Mädchens. Und die Maler haben dieses Inbild immer wieder dargestellt: Der Tod, der einen

nackten Frauenleib umfängt, der Kontrast von blühendem Fleisch
und trostlosem Knochengerippe.

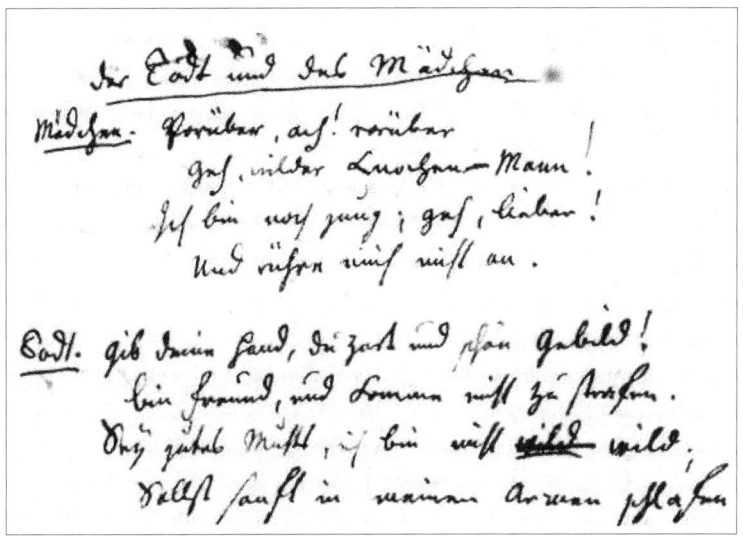

Handschrift zum Gedicht „Der Tod und das Mädchen"

Das Motiv von Claudius ist also sehr alt. Aber wie er das Bild in
Sprache verwandelt, das ist neu und außerordentlich. Das Gedicht besteht nur aus vier Versen Rede und vier Versen Gegen-
rede. Das Motiv »Ich bin noch jung« bestimmt die erste Strophe,
die ängstliche Abwehr des Mädchens, das zum Sterben bestimmt
ist, um ihr Leben fleht und doch weiß, daß sie dem Tod anheim-
gegeben ist. Und des Todes Antwort ist kein Drohen, verheißt
keine Gewalt, sondern im Gegenteil Trost: Denn der Tod kommt
als Freund und verheißt den Schlaf (der immer wieder als Bruder
des Todes bezeichnet wird) in seinen Armen, der Tod kommt
nicht »zu strafen«, er ist auch kein furchterregendes Gespenst,
sondern handelt im Auftrag Gottes, der das Mädchen vor der
Zeit heimruft, so wie es dem Glauben von Claudius entspricht,
für den der Tod – »Freund Hain« – ein Bote Gottes ist, den wir
darum nicht zu fürchten haben.

Dreiundvierzig Jahre nach der Entstehung dieses Gedichts entdeckt es ein Komponist in Wien. Er ist erst zwanzig Jahre alt, aber voll Todessehnsucht. Und er setzt diese Verse in Musik, deren Klang und Formstrenge eben das widerspiegelt, was Claudius in seinen Strophen ausdrückt. Es ist Franz Schubert. Sieben Jahre später verarbeitet er die Musik dieses Liedes – genauer: dessen Klavierbegleitung – als Variationenthema im langsamen Satz eines Streichquartetts, das zu den vollkommensten Schöpfungen dieser Gattung gehört und seither den Namen *Der Tod und das Mädchen* trägt. In diesen Variationen ist das Gedicht von Claudius in vollendeter Form ausgedeutet, von einem Siebenundzwanzigjährigen, der selber nur noch wenige Jahre zu leben haben sollte.

Die Bekanntschaft mit dem damals dreiundzwanzigjährigen Johann Heinrich Voß, dem Sturm und Drang verbundener Idyllen-Dichter und Übersetzer, hat Claudius im Frühjahr dieses Jahres gemacht, als Voß in Flensburg die Familie seines Freundes Boie besuchte und auf der Rückreise nach Göttingen in Hamburg und Wandsbek Station machte. Die beiden Männer verstehen sich sofort, und Voß berichtet über die Begegnung mit Claudius in einem Brief:

»Vorgestern war ich mit Bode und Cramer bei Claudius in Wandsbek und blieb die Nacht daselbst. Wir gingen in dem kleinen Holze spazieren, wo es überaus angenehm ist. Die Nachtigallen sangen wunderschön. Wir lagerten uns im Grase und hörten ihnen eine halbe Stunde zu. Claudius ward von der Nachtigall gerührt und erzählte mir seine Geschichte mit seiner Frau. Er hat ein vortreffliches Herz und verdiente glücklicher zu sein. Seine Frau ist wirklich sehr artig, und sie lieben sich beide aufs äußerste. Aber heiraten hätt' er noch nicht sollen. Die Zeitung trägt nicht so viel, daß eine Familie davon leben kann. Indes ist Claudius immer zufrieden und munter, und seine Frau auch. Wechselweise wiegen sie ihre Tochter oder tragen sie auf dem Arm herum. Ich habe mich gewundert, wie schön der Bote Wiegenlieder singen kann.«

Johann Heinrich Voß, 1797

Voß hat es in Wandsbek so gut gefallen, daß er jetzt ernsthaft erwägt, gemeinsam mit seinem Freund, dem hochbegabten Lyriker Ludwig Hölty (1748-1776), nach hier überzusiedeln. Um seinen Lebensunterhalt zu finanzieren, will er einen Wandsbeker Almanach herausgeben ähnlich dem *Göttinger Musenalmanach,* dessen Leitung er von Boie übernommen hat. Übersetzungsaufträge sollen weitere Einkünfte bringen. Claudius ist darüber glücklich:

»Für eine Hütte für Euch Hirten will ich sorgen, aber bei mir könnt Ihr nicht essen; ich und mein Bauernmädchen essen und trinken gar schäferhaft, und da kann kein Mensch mitessen. Überdem hieße das sich selbst viele kleine Freude verderben, ich meine, wenn Ihr Euren eigenen Haushalt habt und uns dann von Zeit zu Zeit, so oft es Euch nämlich gefällig ist, zu Gast bittet oder wir Euch. Dazu müßt Ihr in Eurem Hause ein altes Weiblein haben, das Eure Betten macht, Euer Teewasser kocht, Eure Schuhe bürstet, Eure Stuben auskehrt pp., und eben das alte Weiblein kann Euch Milch und Semmel und Klöße und Pfannkuchen machen. So ists besser, und so müßt Ihrs halten. Die Gelegenheit, die ich bis itzt für Euch ausgesehen habe, ist so weit recht gut, nur daß die Tür die Quere im Hause steht und Ihr seitwärts Euch hineindrängen müßt. So ein Haushalt nun kann für

Euch beide jährl. 3 bis 4 hundert Taler kosten, und der Almanach allein, ohne alle Übersetzungen, muß jährl. dreimal so viel tragen. Aber nun ein Wort zum Guten. Ihr wißt, daß ich der Musik sehr gut bin, und daß sie dem Menschen wohltut. Übt Euch also bis Ostern ein wenig fleißig im Violinspielen, damit Ihr Ostern des Dinges zur Leibes Nahrung und Notdurft mächtig seid. Mein Bauernmädchen studiert itzo den Baß oder Violoncell, und so wollen wir diesen Sommer und weiter hin, so oft wir darüber einig werden können, Konzert halten.«

Im Januar bekommt Voß eine Aufstellung über den zu beschaffenden Hausrat, und Claudius hat jede Kleinigkeit bedacht. Das Haus wird 20 Taler Jahresmiete kosten; für Essen und Trinken sind wöchentlich 5 Taler berechnet; das Jahresabonnement des *Wandsbecker Bothen* kostet 2 Taler; Betten, Matratzen und Laken sind zu besorgen, Tassen, Teller und Schüsseln, Töpfe und Bestecke, Tische, Stühle und Spiegel; und ganz am Schluß sind auch noch »2 Nachttöpfe fein gut« zu einem halben Taler aufgeführt, mit dem Zusatz: »Kann auch gespart werden, und die Herren außer der Tür oder aus dem Fenster operieren«, schließlich lebt man auf dem Lande, und jene Epoche ist in Fragen der Hygiene äußerst großzügig.

Alles zusammen müssen Voß und Hölty mit 380 Talern Gesamtkosten rechnen. Drohend-scherzhafter Zusatz: »Wenn Ihr kommt, müßt Ihr Euch erst auf der Violin hören lassen, sonst weise ich Euch Euer Haus nicht.«

Aber 380 Taler finden Voß und Hölty zuviel, worauf Claudius im Februar antwortet: »Ich bin kein feiner Mann, wie Sie zu sagen belieben. Zum Leben in Wandsbek rechnet man nicht die erste Einrichtung, wenigstens hier zu Lande nicht. Und so wohl meine Berechnung über die erste Einrichtung als übers jährl. Auskommen kann noch merklich beschnitten werden. Ich habe aber lieber zu viel als zu wenig anschlagen wollen. Sonst dienet zur freundlichen Nachricht, daß ich mit Frau und Kind und Magd und Ziege und Hahn und 3 Hunden für 300 Rtlr. [Reichstaler] das Jahr lebe. Das hängt hernach von jedem ab, wie philosophisch er leben will. Auch bei der ersten Einrichtung ist das Bett die Hauptsache und, wenn Sie beiderseits dazu etwa von Hause aus Anstalt machen können, so wirds mit dem übrigen wohl Rat. Ein und andres kann ich Euch auch leihen. Getrost also ihr kleinmütigen Seelen und schlagt um!«

Aus solchen Briefen wird ein Stück Alltag sichtbar. Wenn Claudius für die Ernährung zweier Erwachsener jährlich 250 Taler veranschlagt (und das dürfte bescheidene Kost sein und selten ein Stück Braten), dann bleiben ihm gerade 50 Taler für die Jahresmiete, deren Höhe wir nicht kennen, und die Entlohnung der Magd. Die Bemerkung von Voß, Claudius verdiene »glücklicher zu sein«, bezieht sich auf die kargen Lebensumstände.

Voß trifft Ostern 1775 in Wandsbek ein, allerdings ohne Hölty, der es sich anders überlegt hat, aber bald darauf wenigstens einmal zu Besuch kommt. Wie auch der Schriftsteller Johann Martin Miller aus Ulm, der ein Jahr später mit seinem Roman *Siegwart, eine Klostergeschichte* bekannt werden wird, ehe sein Ruhm schnell wieder verblaßt. Miller beschreibt seinen Eindruck von Claudius so:

»Auf dem Rückweg nach dem Wirtshaus gingen wir bei Claudius, der den *Wandsbecker Bothen* schreibt, vorbei. Er war hinten in seinem kleinen Gärtchen. Ich hatte den Mann schon vorher, aus dem wenigen, was ich in seiner Zeitung von ihm gelesen, vor vielen tausend Menschen lieb gewonnen; aber die halbe Stunde, die ich jetzt bei ihm zubrachte, machte mir sein Andenken ewig unvergeßlich und heilig. Man glaubt, wenn er spricht, die Wahrheit und Liebe selbst zu hören. Herzlichkeit, Zutraulichkeit und Güte begleiten alle seine Reden. Man muß ihn lieben, wenn man vor ihm steht, möchte ihm in die Arme sinken und ihm alles sagen, was man für ihn fühlt. Das Herze wird in seiner Gegenwart offen; man hat Zutrauen zu ihm, sein Auge ladet dazu ein und macht jeden zu seinem Freund; alle Zurückhaltung fällt weg, wie er selber keine zeigt; es ist einem so wohl um ihn, wie in den goldenen Zeiten der Unschuld. Welterfahrung und Studium der alten und neuen Weisen breiten über all sein Tun und Reden wahre Weisheit, die allein Philosophie ist, aus. Man sollte zu ihm ziehen, wie man zu den Weisen Griechenlands zog, um echte Lebensweisheit zu lernen. Ich wenigstens habe in der kurzen Zeit bei ihm mehr gelernt, als man aus dicken Folianten lernt. Dabei hat er so viel herrliche und muntere Einfälle; er sagt sie mit solcher Unschuld und Wahrheit, daß auch sein Witz – welches gewiß selten ist – das Herz rührt. Ich werde den herrlichen lieben Mann gewiß noch einmal besuchen; er lud uns auch sehr freundschaftlich dazu ein.«

So vollmundig und etwas rührselig schreibt man damals gern; später wird man diese Epoche als Zeit der Empfindsamkeit bezeichnen. Claudius selbst ist, bei aller Herzlichkeit und Unverstelltheit, wesentlich nüchterner.

Ohne daß er damit gerechnet hätte, ist es mit der von so manchem beschworenen Wandsbeker Idylle plötzlich vorbei: Am 22. Juni 1775 läßt ihm Bode durch seine Frau die Kündigung mitteilen, wie damals üblich von heute auf morgen.

Die Freunde werden davon unterrichtet, vielleicht wissen sie Rat und eine neue Stelle? Er besucht die Mutter in Reinfeld, denn gerade ist dort der Amtsverwalter gestorben, aber man bestimmt nicht den Boten, sondern einen anderen zum Nachfolger. Auch Gerstenberg, den er in Lübeck aufsucht, hat – als dänischer Konsul – nichts zu vergeben. Aber das trübt nicht seine Zuversicht. »Leben Sie wohl und wißt, daß alles Quark ist, außer einem fröhlichen Herzen, das seiner bei aller Gelegenheit mächtig ist«, schreibt er am Ende eines längeren Briefs an Miller am 22. August. An den Dichter Johann Wilhelm Ludwig Gleim in Halberstadt, der zwar erst sechsundfünfzig Jahre alt ist, den aber alle Welt wegen seines gütigen, väterlichen Wesens nur »Vater Gleim« nennt, schreibt der arbeitslose Bote am 6. November so launig wie unbeschwert:

»Ich habe, was Sie vielleicht nicht wissen, schon vor einigen Jahren ein Bauernmädchen aus Wandsbek gefreit und dies Mädchen hat itzo einen hochrunden Leib und soll alle Stunden gebären und da kann ich unmöglich von ihr wegreisen, bis sie geboren hat, und denn muß ich ihr Warmbier kochen, mein lieber Gleim, und das Bett zurecht legen usw. Dazu kommt, daß ich etwas übersetze, das zu Weihnachten fertig sein soll, so daß ich noch nicht absehe, wie ich mich dem Kanonikus [Gleim] in diesem Jahr noch zeige. Ein Kind habe ich schon, ein Mädchen von beinahe 2 Jahren, das hier neben mir am Tisch sitzt und mit Gewalt die Feder haben will. Das Erstgeborene war ein Junge, den hab ich aber nicht mehr; nun kommt wieder'n Junge, den Gott geleite! Seit Johannis [24. Juni] schreib ich den *Bothen* nicht mehr und hätte eine kleine Stelle freilich wohl nötig, aber es hat von jeher nicht mit mir fort wollen. Ich möchte am liebsten auf dem Lande eine Stelle, die mir Zeit übrig ließe, und da wäre, denk ich, Postmeister wohl das beste. Ich kann auch zur Not Organist werden, aber die Stellen sind gewöhnlich auf dem Lande gar zu armselig, ob ich wohl nicht eben hoch hinaus will. Ich habe noch eine alte Mutter zwischen Hamburg und Lübeck, die vielleicht nur noch ein paar Jahre zu leben hat; je näher ich also bei Hamburg oder Lübeck bleiben kann, desto lieber tue ichs.«

Die Behauptung »nun kommt wieder'n Junge« ist voreilig gewesen; am 12. November bringt Rebecca ein Mädchen zur Welt, das den Namen Christiane erhält. Herder hat dank seiner guten Verbindungen nach Darmstadt dort für Claudius eine Stelle erwirkt. Seinem künftigen Vorgesetzten, dem Minister und Präsidenten von Moser, soll Claudius nun ein Vorstellungs- und Bewerbungsschreiben abliefern, das er Herder zur Begutachtung vorlegt, ehe er es an Moser schickt. Aber Herder findet diesen Brief offenbar zu salopp geschrieben und läßt seinen Unmut darüber offen spüren, worauf ihm Claudius schreibt:

»Habt Ihr nicht selbst gesagt, ich sollte in meiner Manier schreiben? Ich mag auch von keiner Distinktion zwischen Schriftsteller und Menschen Proben ablegen, und meine Schriftstellerei ist Realität bei mir oder sollt es wenigstens sein, sonst hols der Teufel. – Gleich gut alles, ich habe den mißlungenen Brief zerrissen und mit Füßen getreten und einen andern geschrieben. Wenn der noch nicht recht ist, so tretet Ihr den mit Füßen, was brauchts noch Postgeld für den Salbaderwisch auszugeben? Ich will Euch zu Gefallen und mir zu Gefallen noch gerne andre schreiben; antwortet aber in dem Fall doch dem Präsidenten, wir möchten sonst die ganze Sache verderben.«

Das wäre überhaupt nach seinem Herzen, wenn ihm Herder die lästige Schreiberei an Moser abnähme. Warum sich quälen, wenn dabei doch nur ein »Salbaderwisch« herauskommt und er ja ohnehin nicht sonderlich Lust hat, Wandsbek mit Darmstadt zu vertauschen. Nachschrift: »Nehmts doch nicht übel, daß ich Euch immer das Porto bezahlen lasse, ich bin in diesen Tagen schlecht bei Kasse.«

Johann Gottfried Herder,
Gemälde von Anton Graff, 1785

Da wundert es einen desto mehr, woher er das Geld nimmt, um plötzlich, ohne daß auch nur einer der Freunde davon erfährt, nach Berlin zu reisen. Dort macht er die Bekanntschaft des jungen Freiherrn Christian von Haugwitz, der gerade von einer gemeinsamen Reise mit den Brüdern Stolberg und Goethe aus der Schweiz heimgekehrt ist, woraus sich eine lebenslange Freundschaft entwickelt, und auch die Beziehung zu den Brüdern Christian und Friedrich von Stolberg vertieft sich, gemeinsam fahren sie mit ihm nach Wandsbek zurück.

Über seinen Berliner Aufenthalt schreibt er an Rebecca, von ihm zärtlich Bebelmus oder Betty gerufen, einen gutgelaunten Brief, worin er erwähnt, daß er auch die Bekanntschaft des berühmten Friedrich Nicolai gemacht hat. Nicolai ist einer der einflußreichsten Literaturkritiker seiner Zeit, Verleger und Schriftsteller in einer Person.

An Miller in Ulm geht am 2. Februar 1776 der Bescheid: »Und das ist der letzte Brief, den ich Ihnen aus Wandsbek schreibe, mein lieber Miller! Denn ich gehe den künftigen Monat nach – raten Sie – nach Darmstadt mit Weib und Kind. Der Landgraf hat mich zum Oberlandcommissarius gemacht mit einem Gehalt von 800 Fl. [Florinen, d. h. Gulden]. Seht Ihr, das habt Ihr Euch wohl nicht träumen lassen, ich auch nicht, aber darum ists doch wahr, und im April, wenn der Winter nicht wie bisher gar zu hart und unbarmherzig ist, könnt Ihr mich in Darmstadt finden. [...] Ich verlasse mein gutes Wandsbek ungerne und, wenn ich mir den Hals hier hätte offen halten können, wäre ich gerne hiergeblieben.«

Ja, der Abschied vom geliebten Wandsbek wird ihm bitterschwer. Es ist damals nicht üblich, seinen ganzen Hausrat mitzunehmen, es wird alles verkauft, schon weil die Frachtkosten viel zu hoch sind, und in Darmstadt, als wohlbestallter Oberlandcommissarius, wird man sich von Grund auf neu einrichten. In den letzten Wandsbeker Tagen kommt noch Besuch. Es ist der Regierungsrat Anton Matthias Sprickmann aus Münster, der neben der Juristerei auch leidenschaftlich die Poesie betreibt und Gedichte und Dramen schreibt. Er ist gemeinsam mit dem von ihm verehrten Klopstock nach Wandsbek gekommen und bleibt für ein paar Tage, Tage der Haushaltsauflösung und des wehmütigen Abschiednehmens:

»Den Abend vor seiner Abreise gingen wir drei, er mit seiner Frau und ich, durch ganz Wandsbek. Da zeigten sie mir alle die Örter, wo sie sich zuerst gesehen, wo sie sich zuerst gesagt, daß sie sich liebten – da stand sie oft vorn im Dorf und sah ihm entgegen, wenn er so aus der Stadt kam – da war der Zeuge des ersten Kusses – da wurde jener Zweifel gehoben und hier ein anderer – sie zeigten mir alles das und hielten sich umschlungen und weinten zusammen, und dann tröstete sie ihn doch wieder, daß auch da, wo sie jetzt sein sollten, sie doch beisammen sein würden.«

IV

Zwischenspiel in Darmstadt

»So sehr am rechten Ort bin ich hier nicht.«

Anfang des Jahres hat sich Claudius eine Kutsche geleistet, wohl in der richtigen Annahme, es werde preisgünstiger sein, im eigenen Wagen die Familie zu befördern, als auf Mietwagen angewiesen zu sein. Die Familie: das sind Matthias (inzwischen fünfunddreißig Jahre alt) und Rebecca, die Kinder Caroline und Christiane, dazu die schwedische Magd Stina. Der gesamte Hausrat ist verkauft, mitgenommen werden nur die Kleidung, das Bettzeug und Dinge des persönlichen Bedarfs. Am 31. März 1776 rollt die Kutsche aus Wandsbek gen Süden, gewiß unter Tränen.

Erste Reisestation ist Bückeburg, wo die Familie eine Woche zu Gast ist bei Herders. Dann geht es weiter über Hameln nach Hannover, wo man einen Tag bleibt; in Göttingen trifft Claudius mit Heinrich Christian Boie zusammen, dessen Schwester Ernestine inzwischen die Frau von Voß geworden ist. Ehe man in Marburg Station macht, »lief uns ein Vorderrad vom Wagen«, ein in jener Zeit üblicher und noch harmloser Unfall. Dann, am 16. April, nachmittags um drei Uhr, passiert der Wagen das Stadttor von Darmstadt. Claudius kann sich nicht beklagen: »Himmel und Erde sind hier schön.« Von den Fenstern seines Hauses geht der Blick auf einen Tannenwald »und am Ende rundum eine Kette von Bergen«. Präsident von Moser hat zur Begrüßung zwei Flaschen Burgunder und zwölf Flaschen Rheinwein geschickt, worüber Claudius, der den Wein sehr liebt, hocherfreut ist.

Das Land Hessen-Darmstadt wird vom Landgrafen Ludwig IX. regiert und ist, wie die meisten deutschen Kleinstaaten, hoch verschuldet. Die von dem Minister Freiherr von Moser eingerichtete Landkommission besteht aus einem Direktor, drei Oberlandkommissarien und zwei Sekretären »unter der Oberaufsicht des H. Präsidenten v. Moser, der ihr Stifter und ein trefflicher Mann ist«. Die Landkommission soll ein Sparprogramm entwickeln und die Wirtschaft des Landes reformieren. Deswegen ist der eine Kollege von Claudius ein Wirtschaftsfachmann, der andere ein Statistiker, während es Claudius zufällt, alle Schriftstücke und die Eingaben an den Landgrafen zu formulieren und niederzuschreiben. Zugleich ist er Mitglied der Invalidenkommission und soll die Herausgabe einer neuen Zeitung vorbereiten mit dem Titel *Hessen-Darmstädtische privilegirte Land-Zeitung.*

Gewiß ist das alles gut gedacht und eines Engagements wert, aber Claudius fühlt sich zunehmend unwohl. Er findet sich in eine ihm ganz wesensfremde Beamtenhierarchie versetzt und zu staubtrockener Schreibtischarbeit genötigt und kommt außerdem auch mit seinen Kollegen und dem Direktor Eymes nicht zurecht. Die Menschen, mit denen er arbeitet, sind an das Leben und an die Intrigen einer kleinen Residenzstadt gewöhnt, sie kommen aus einer Welt, die so ziemlich das Gegenteil des traulichen Wandsbeck ist. In solcher Umgebung muß sich ein Mann wie Claudius ungeschickt und unglücklich fühlen, und man darf sicher sein, daß viele auf ihn mit leichter Verachtung herabsehen. Sein Ruf als Dichter und als der bekannte Bote können ihn nicht schützen.

Eine nähere Beziehung, allerdings keine Freundschaft, entwickelt sich zu dem Kriegsrat Johann Heinrich Merck, einem an Literatur und Kunst interessierten Mann, der im Herbst auch sein Nachbar wird, als Claudius seine erste Wohnung verläßt und ein Haus am Rheintor bezieht. »Wir haben nun Claudius«, schreibt Merck an Wieland, »ein vortrefflicher, sehr selbständiger Mensch – sagen Sie Goethe – so ohngefähr wie Klopstock im Äußern, nur mehr poetische Laune und Leichtigkeit. [...] Ein schönes, schönes Weibchen hat er, existiert ganz in seinen Kindern; wenn die Visiten kommen, setzt er die Kinder aufs Häfgen [Töpfchen] – weiß übrigens nicht was Geld und Gut ist, und ist überhaupt sehr brav.«

Ein schlechtes Gewissen plagt Claudius, wenn er an Vater Gleim denkt. Der Halberstädter Kanonikus hatte ihm nämlich eigens Geld geschickt, damit Claudius auf der Reise nach Darmstadt ihn besuche, was denn aber doch ein allzu großer Umweg gewesen wäre. Und nun kann er ihm nicht einmal das Reisegeld zurückgeben: »Ich konnte die 5 Louisdor nicht entbehren und ich kann sie bis heut diesen Tag noch nicht entbehren und hätte auch noch nicht geschrieben, aber meine Rebecca wollte nicht länger Friede halten, sie konnte des Nachts nicht mehr schlafen, weil Gleim unwillig sein möchte und vielleicht gar darüber wegsterben könnte, ich sollte und mußte schreiben und ihn um Vergebung bitten und ihn wieder gut machen, – erbarmt Euch also des armen Maidels und schreibt von wieder gut sein.«

Dann berichtet er von seiner neuen Wirkungsstätte: »Ich bin hier ein Oberlandcommissarius und treibe mein Werk, das wirklich guter Art ist, so gut ich kann. Es gefällt mir hier auch alles wohl bis auf die Luft, die desperat dünn und trocken ist, daß ich kaum, so viel als mir not ist, hineinarbeiten kann. – Der Herr Präsident v. Moser ist ein trefflicher, enthusiastischer Mann, wie Sie vermutlich wissen. – Ich habe neulich in die berühmte Bergstraße und auf den köstlichen Melibocus eine Wallfahrt getan und bin sehr guten Muts wiederkehrt. Man übersieht oben vom Melibocus das ganze schöne Rheintal von Speyer bis Mainz hinaus und ich habe noch keine bessre Aussicht gesehen.«

Im Herbst bezieht die Familie das neue Haus am Rheintor, bei dessen Einrichtung Merck behilflich ist. An Voß, daheim im geliebten Wandsbek, geht diese Beschreibung:

»Wir haben einen großen Saal für Fremde, eine gute Stube für uns, und eine andre, wo der Nachttopf steht, und noch eine für Stina und eine Küche, darin viel gebraten werden kann und wenig gebraten wird, und einen Keller, wo kein Wein darin ist, und einen Holzstall und ein Waschhaus und keinen Garten und keinen Garten, und so hol der Henker den großen Saal und die Stube für uns und die Stube mit dem Nachttopf und Küche und Keller und Waschhaus.«

Darmstadt, Rheintor: Matthias Claudius' Wohnung lag in der Nähe

Was das zweimalige »und keinen Garten« bedeutet, wird Voß wohl wissen – Claudius hat Heimweh, und er spricht es auch noch deutlicher aus:

»Von meiner hiesigen Lage weiß ich nicht eigentlich, was ich schreiben soll. Die Gegend ist hier ein Paradies, ich habe auch Essen und Trinken und noch übrig zu Coffee und Tabak, aber so sehr am rechten Ort als in Wandsbek bin ich hier nicht; so gute Luft für meine Brust und so gute Freunde für mein Herz habe ich hier auch nicht und also seht ihr, daß mir manches fehlt *ad bene beateque vivendum* [um gut und glücklich zu leben] nach meiner Art; sonst aber kann ich nicht klagen und klage auch nicht, aber ich ginge lieber zurück und meine Rebecca träumt auch immer von Wandsbek und Reinfeld und Lübeck und Lütjenburg und Hamburg usw.«

Schon im August hatte er Herder vorsichtig angedeutet, er habe Probleme mit dem Direktor der Landkommission, Eymes: »Schreiben mag ich von solchem Quark nicht.« Aber es ist gar keine Frage, daß er, trotz aller Beteuerungen – »mein Geschäft ist sehr angenehm und das ganze Geschäft der Landkommission sehr gut und menschlich« –, sich nicht glücklich fühlt, und wenn er über die Luft klagt, so ist nicht allein das Klima gemeint, es ist auch und noch mehr die geistige Luft, unter der er leidet.

Matthias Claudius um 1775,
Medaillon von Dominique Rachette,
älteste bisher bekannte Darstellung des Dichters

»Die Leute lieben hier Frisur und Puder so sehr wie in Hamburg«, schreibt er an Voß, »ich lasse aber doch nur alle Sonntage einstreuen.« Was bedeutet, daß er wochentags sein Haar – höfischem Brauch zum Trotz – ungepudert trägt. Auch Merck notiert in dem schon zitierten Brief an Wieland, Claudius gehe »ohne Stock und Degen und Puder mit dem bloßen Cadogan zum Präsidenten, und der kann's doch nicht übelnehmen«. Entweder man trägt in jenen Tagen eine weißgepuderte Perücke oder aber das eigene Haar lang und am Hinterkopf zusammengebunden, was »Cadogan« genannt wird, wobei auch das natürliche Haar mit weißem Puder bestreut wird. Claudius sich mit Degen und Puder vorzustellen verlangt unserer Phantasie einiges ab, denn wir wissen aus allen Beschreibungen, daß er sich sehr salopp kleidete und wenig auf sein Äußeres gab. Die Welt eines landgräflichen Hofes und das schlichte Wandsbek – nein, das will nicht zusammen.

Der freundliche Präsident Moser hat natürlich längst bemerkt, daß Claudius in der Landkommission am falschen Platz ist, und überträgt ihm daher die Redaktion der neugegründeten *Land-Zeitung.* Hier versucht Claudius, das im *Wandsbecker Bothen* so bewährte Rezept vom Dialog zwischen dem Boten und seinem Vetter Andres zu übernehmen, indem er, zusätzlich zur Stimme des Redakteurs Claudius, die Figur des Invaliden Görgel erfindet, der ebenfalls zu seinem Sprachrohr wird. Doch mit der Arbeit des neuen Redakteurs ist man höheren Orts nicht zufrieden. Soll er doch vor allem seinen Lesern das segensreiche Wirken der Landkommission vor Augen stellen und neue Erlasse erläutern, aber das tut er nur unzuverlässig und ungenau.

Ende Februar 1777 bekommt Claudius einen Brief von Moser, der – trotz eines nicht zu überhörenden wohlwollenden Untertons – in der Sache scharf und deutlich ist:

»Ich hatte immer noch die heimliche Hoffnung bei mir genähret, daß Sie Lust und Geschmack an dieser Art Arbeit bekommen und mit Wärme und Eifer in eine Beschäftigung mit eingehn würden, welche wahre reine Menschenliebe zum Zweck und Gegenstand hat.

Mit Betrübnis muß ich aber wahrnehmen, daß Ihnen je länger je mehr alles anekelt, was Landkommission heißt, daß Sie sich harte, unbillige und ungegründete Urteile über unsere Geschäfte erlauben, deren Zusammenhang Sie nicht einmal kennen, noch je gründlich zu kennen verlangt haben, daß Sie den Charakter von Personen, von deren unermüdeten Eifer, Rechtschaffenheit und Uneigennutz Tat spricht, sogar gegen Fremde verunglimpfen und dem Institut selbst einen üblen Namen machen, mich selbst aber als einen einfältigen Tropf darstellen, der sich von schlechten Leuten wie einen Bären an der Nase herumführen ließe.«

Moser beklagt, Claudius habe sein Vertrauen getäuscht und sich an einer Intrige beteiligt und sein »gutes, leichtgläubiges Herz« mißbrauchen lassen. Er stellt ihm anheim, die Zeitung wenigstens noch bis zum Jahresende weiterzuführen, andernfalls aber zu kündigen.

Claudius verschlägt dieser Brief zunächst einmal die Sprache; mit einer solchen Reaktion Mosers hat er offenbar nicht entfernt gerechnet. Dann verteidigt er sich gegen den Vorwurf, die Landkommission verleumdet zu haben, beklagt sich aber über seinen unmittelbaren Vorgesetzten, den Direktor Eymes:

»Gegen mich hat der Herr Land-Kammerrat Eymes von Anfang an gehandelt, als wenn ich ein Narr oder er einer wäre, und wenn man dazu 50 Meilen weit mit Frau und Kindern hergekommen ist, so wäre man doch wohl einigermaßen berechtigt, etwas unwillig zu tun, ehe man wieder abmarschiert, aber es mag gut sein, und ich habe in der Tat itzo alles fast schon vergessen, und ihn selbst dazu.«

Und er könne sich nicht »zum Land-Zeitungsschreiber« engagieren: »Ich bin hergekommen, nicht ehrlich und schön zu schreiben, sondern ehrlich und schön zu handeln. Das kann ich, mein lieber Herr Präsident, und ich hatte gehofft, daß ich dazu bei der Landkommission oder sonst Gelegenheit haben würde.« Er schlägt einen möglichen Nachfolger für die Redaktion vor und kündigt.

Johann Heinrich Merck, Moser und dessen Wirken feindlich gesonnen, hat Jahre später über Claudius' Zeit in Darmstadt bemerkt:

»Den guten Claudius oder Asmus von Wandsbek hatte er [Moser] unter Hoffnung, hier Ruhe und Frieden zu finden, aus seiner stillen Hütte gelockt und unter eine Bande Betrüger und Schelme gesteckt. Claudius glaubte bei der neu angestellten Landkommission viel Gutes stiften zu können. Er, dessen Herz aufwallte, wenn er einen Bauern und einen grünen Baum erblickte, bekam dafür nichts als ein Büro von Tabellenschmieden, Projekte zu neuen, windigen, unpraktischen Verordnungen, und was das Schlimmste, einen aufgeblasenen, zweideutigen Direktor [Eymes] zu sehen. Er, dessen Nacken sich nicht gern für irgend jemand beugte, beugte sich auch also noch weniger vor der Würde seines Chefs, und ward daher von ihm bald bei dem Präsidenten als ein *untauglicher Faulenzer* angeschwärzt.«

Johann Heinrich Merck (1741-1791),
Gemälde von Johann Ludwig Strecker, 1770

Die Landkommission mag gut gedacht gewesen sein, sie bewirkte aber gar nichts, und offenbar waren Eitelkeit und Korruption mehr gefragt. Für einen aufrechten und redlichen Menschen wie Claudius konnte das nicht gutgehen. Er litt tief unter Verhältnissen, die ihm zuwider sein mußten, und da er zeitlebens niemals gegen sein Gewissen handeln konnte, blieb nur die alsbaldige Trennung.

Die Verhältnisse in Darmstadt und in der ungeliebten Tätigkeit müssen ihn schwer belastet haben. Kaum hat Claudius die Kündigung ausgesprochen und kaum ist sie angenommen, da rettet sich die gequälte Seele in eine ernste Krankheit. Eine Rippenfellentzündung bringt ihn in Todesnähe. Rebecca, schon in fortgeschrittener Schwangerschaft, pflegt ihn, so gut sie es vermag, und Claudius gesundet. Auch mag ihm die Hoffnung, sein geliebtes Wandsbek wiederzusehen, beigestanden haben.

Aber wovon die Reise bezahlen? Es ist offenbar Merck, der ihm empfiehlt, sich an den Düsseldorfer Kaufmann Friedrich Heinrich Jacobi zu wenden und ihn um finanzielle Unterstützung zu bitten. Denn Jacobi ist nicht nur Kaufmann, sondern auch Philosoph und Schriftsteller, der dafür bekannt ist, mit seinem großen Vermögen Autoren zu helfen. Und Jacobi hilft.

Friedrich Heinrich Jacobi,
Bleistiftzeichnung von Frans Hemsterhuys, 1781

Gegenüber Herder fühlt sich Claudius ein wenig bedrückt, denn er weiß, daß er einzig dem Freund die Anstellung in Darmstadt zu verdanken hatte, aber er weiß auch: »Ihr wärt nicht so lange geblieben.« Und: »Was in Wandsbek anfangen? Übersetzen, Fortsetzung vom Asmus herausgeben, und Befiehl Du Deiner Wege pp.« Mit diesem Zitat aus dem Choral von Paul Gerhardt will er das sagen, was der Choral ausspricht: »Der Wolken, Luft und Winden / Gibt Wege Lauf und Bahn, / Der wird auch Wege finden, / Da Dein Fuß gehen kann.« Es ist dieses einzigartige Gottvertrauen, das Claudius nie verlassen hat und ohne das wir uns ihn nicht vorstellen können.

Anfang März 1777 – bei seiner schweren Rippenfellentzündung – hatte Freund Hain an seinem Bett gestanden und war wieder gegangen, lächelnd. So empfindet es Claudius, als er das Gedicht *Nach der Krankheit* schreibt:

Ich lag und schlief; da fiel ein böses Fieber
    Im Schlaf auf mich daher
Und stach mir in die Brust und nach dem Rücken über,
    Und wütete fast sehr.

Es sprachen Trost, die um mein Bette saßen;
    Lieb Weibel grämte sich,
Ging auf und ab, wollt sich nicht trösten lassen,
    Und weinte bitterlich.

Da kam Freund Hain: »Lieb Weib, mußt nicht so grämen,
    Ich bring ihn sanft zur Ruh«:
Und trat ans Bett, mich in den Arm zu nehmen,
    Und lächelte dazu.

Sei mir willkommen, sei gesegnet, Lieber!
    Weil du so lächelst; doch
Doch, guter Hain, hör an, darfst du vorüber,
    So geh und laß mich noch!

»Bist bange, Asmus? – Darf vorübergehen
    Auf dein Gebet und Wort.
Leb also wohl, und bis auf Wiedersehen!«
    Und damit ging er fort.

Und ich genas! Wie sollt ich Gott nicht loben!
    Die Erde ist doch schön,
Ist herrlich doch wie seine Himmel oben,
    Und lustig drauf zu gehn!

Will mich denn freun noch, wenn auch Lebensmühe
    Mein wartet, will mich freun!
Und wenn du wiederkömmst, spät oder frühe,
    So lächle wieder, Hain!

Es kommt so viel Glück zusammen: Endlich kann er Darmstadt verlassen, Freund Hain hat ihm eine Chance für den Neubeginn gegeben, Jacobi das Reisegeld geschickt, ja sogar die Herzogin Luise von Sachsen-Weimar stiftet – auf des treuen Herders Bitte

– 35 Dukaten Reisegeld. Und am allerschönsten: Er darf wieder heim ins geliebte Wandsbek.

Am 15. April läßt Claudius seine Habe, soweit sie nicht mit auf die Heimreise genommen wird, versteigern und erzielt dabei 50 Gulden. Und am 21., mittags um ein Uhr, ziehen die Pferde an, »und alle Nachbarn und Gefreundeten kuckten aus den Fenstern und bedauerten, daß sie die Ehre nicht länger haben könnten, den Herrn Oberlandescommissarius bei sich zu haben«. Sie fahren ab, wie sie gekommen sind: Matthias und Rebecca auf der einen Seite in der Kutsche, ihnen gegenüber Caroline, Christiane und Stina, »eine Magd aus Schweden«.

Die Stationen sind Frankfurt, Gießen, Kassel (wo sie den Park von Wilhelmshöhe mit dem »ungeheuren Herkules oben auf der Spitze des Berges« besichtigen), Göttingen, Einbeck, Hannover, Celle, Lüneburg, Hamburg, und am 4. Mai »mittags 1 Uhr über die Elbe gangen und nach einer lustigen Fahrt durch die Vierlande um 5 Uhr den langen Turm in Wandsbek zu Gesicht, um 6 mit Leib und Seel und Kutsch und Pferden glücklich in Wandsbek angekommen, zum Erstaunen aller Einwohner, die den Herrn Oberlandescommissarius mit dem Schnapsack auf dem Rücken erwarteten, weil er sich in Darmstadt so schlecht aufgeführt, daß er nicht bleiben können«. So schreibt er überglücklich an Hamann und endet mit dem Jubelruf: »Und nun, Gott sei herzlich Dank, daß wir hier sind!!!«

V

Wieder in Wandsbek

»Wir stolze Menschenkinder
sind eitel arme Sünder.«

Nun ist erst einmal vom Geld zu sprechen. Denn es wird auch den gutwilligsten Leser verdrießen, ständig von Talern, Gulden, Louisdor und Dukaten erzählt zu bekommen, wenn er sich darunter nichts vorstellen kann.

Es ging im Geldwesen zur Zeit von Claudius leider nicht anders zu als auf der politischen Landkarte: Deutschland bestand aus einigen hundert selbständigen Staaten von verschiedener Größe, und jedes dieser politischen Gebilde besaß eine eigene Währung. Taler war zum Beispiel nicht gleich Taler, denn es gab da den Braunschweiger, den Bremer, den Hannoverschen, den Kasseler, den Lübecker, den Mecklenburger, den Preußischen Taler und außerdem den Reichstaler, der bei Claudius meist genannt wird; es gab den Hannoverschen, den Preußischen und Rheinischen Gulden, auch einen Reichsgulden. Goldmünzen wie Dukaten oder der französische Louisdor waren im Umlauf, ebenso der preußische Friedrichsdor, und der Kurswert dieser Zahlungsmittel richtete sich zum einen nach der jeweiligen wirtschaftlichen Lage und dem Wert des verwendeten Edelmetalls, wobei der Anteil an Silber und Gold in den Münzen schwankend sein konnte. Die klugen Hamburger Kaufleute rechneten in Mark, wobei es die Hamburger Mark *courant* (umlaufend, bar), aber auch die Hamburger Mark *banco* gab, und diese existierte nicht als Münze, sondern im Geldgeschäft als Währungseinheit, wurde stabiler be-

wertet und machte den Hamburger Handel unabhängig von auf-
tretenden Münzverschlechterungen durch minderwertiges oder zu
geringes Edelmetall.

Da Claudius in seinen Briefen mehrfach die Wechselkurse der
verschiedenen Währungen nennt, können wir uns ein gutes Bild
von seinen Einkünften und Ausgaben machen. Als Redakteur
des *Wandsbecker Bothen* verfügte er über ein Jahresgehalt von 300
Reichstalern und bezog als Oberlandescommissarius 800 Gulden, das sind 400 Reichstaler. Vater Gleim hatte ihm für die Reise
von Wandsbek nach Halberstadt, die dann unterblieb, fünf
Louisdor geschickt, das sind 45 Gulden oder 22,5 Reichstaler.
Und für die Rückreise von Darmstadt nach Wandsbek (deren ge-
naue Kosten wir nicht kennen) stiftete die Herzogin Luise von
Sachsen-Weimar 35 Dukaten, das sind 175 Gulden oder 87,5
Reichstaler.

In Wandsbek rechnet Claudius pro Woche mit 5 Talern für Essen und Trinken, somit läßt sich von 35 Dukaten gut und gern
vier Monate leben, und ein bißchen für Tabak und Kaffee bleibt
sogar noch nach. Wenn man bedenkt, daß Claudius in Darmstadt
etwa 400 Reichstaler als Jahresgehalt bezog und davon als Beam-
ter sogar noch Abgaben leisten mußte, so stand er sich zwar etwas besser denn als Redakteur in Wandsbek, es blieb aber trotzdem kaum etwas übrig, denn in einer Residenzstadt wie Darmstadt lagen die Lebenskosten und die Miete wesentlich höher als
in einem holsteinischen Dorf. Das erklärt auch, warum Claudius
in seinen Darmstädter Briefen wiederholt auf Geldnöte verweist
und ohne einen Zuschuß zum Reisegeld nicht die Heimreise nach
Wandsbek hätte antreten können. Dort schenkt ihm dann seine
Mutter bei ihrem »unerwarteten Besuch« am 1. Juni unvermutet
20 Hamburger Mark, das sind etwa 10 Reichstaler, eine Summe,
die der Sohn gut brauchen kann, denn nun geht es sofort ans
Einrichten, das auch bei größter Sparsamkeit leider Geld kostet,
zumal wir aus der Aufstellung, die Claudius für Voß gemacht
hatte, wissen, wieviel für Stuhl, Tisch und Bett gerechnet wurde.

Johann Georg Hamann im fernen Königsberg bekommt tage-
buchähnlich die Fortschritte aufgezählt: »Wandsbek, d. 5.–30. Mai

im Walde promeniert, Bett und Tisch und Stuhl und Teller und Salz gekauft und Stuben ausgekehrt und Garten umgekehrt etc. etc.

Wir haben dasselbe kleine Häusgen wieder, aus dem wir d. 30. März 1776 nach Darmstadt ausgezogen sind. Ich wollte es am liebsten haben und es traf dann so, daß es gerade feil war.

Den 1. Juni völlig eingerichtet bis auf Vorhänge und eine Bettstelle, darin Freund Hamann schlafen soll, wenn er, wills Gott, sein Magazin verlassen wird. Nachmittags um 3 Uhr einen unerwarteten Besuch von meiner Mutter erhalten, die sich über die gute Einrichtung des Herrn Sohns und seinen Tisch und Stuhl und Teller und Salz nicht genug wundern konnte und ihm 20 M. brachte.

Den 3. brachten ich und Rebecca die Mutter wieder zu Wagen und fuhren 1 ½ Meilen mit ihr und stöhnten brav auf der Rückreise und den ganzen Tag und die ganze Nacht und den folgenden Morgen und um 3 ½ wars Kind da, das ein Junge sein sollte, aber ein Mädchen ist, wenigstens menschlichen Ansehens nach.«

Natürlich gehört es sich, dem Kriegsrat Merck in Darmstadt für erwiesene Gefälligkeiten zu danken: »Danken auch dem Hrn. Kriegsrat für seine Vielgütigkeit von der Ausmeublierung unsres Logis an bis zum letzten Gastgebot. Wollens wieder gut zu machen suchen, wenn der Hr. Kriegsr. hier eintreffen. Caroline springt vom Morgen bis Abend im Garten auf und ab und ihr Herr Vater auch, sie hat Darmstadt schon ganz vergessen und ihr Herr Vater auch.«

Im Herbst 1777 taucht ein ganz und gar phantastischer Plan auf: Die Lübecker Schriftsteller Adolf Overbeck und Heinrich Wilhelm von Gerstenberg erwägen ernsthaft ihre Auswanderung nach Tahiti. Warum gerade Tahiti? Die Insel in der Südsee war erst 1767 entdeckt worden, doch durch den 1771 gedruckten, schon ein Jahr später ins Deutsche übersetzten Bericht des französischen Kapitäns Louis-Antoine de Bougainville (der 1768 Tahiti angelaufen hatte) weltberühmt geworden. In seiner Schrift *Reise um die Welt, welche mit der Fregatte La Boudeuse und dem Fleutschiff L'Etoile in den Jahren 1766, 1767, 1768 und 1769 gemacht worden* beschrieb Bougainville ein wahres irdisches Paradies, wo alle in Frieden lebten, genug zu essen hatten, ohne dafür sonderlich viel arbeiten zu müssen, wo ein ewiger Sommer herrschte, vor allem aber: wo ein völlig tabufreies erotisches Dasein geführt wurde. Ein einzigartiges Liebesparadies also, wo alle ohne Hemmungen ihrer Lust lebten. Daß es dieses Utopia der sexuellen Freizügigkeit auch auf Tahiti nicht gab, bemerkte schon wenige Jahre später der deutsche Naturforscher Georg Forster, dessen Beschreibung *(Reise um die Welt, 1778/80)* wesentlich nüchterner ausgefallen war als die phantasievolle Ausschmückung Bougainvilles, aber die las sich freilich weit hübscher und phantastischer.

Man begann damals gerade, die Natur zu entdecken und über die Rolle des Menschen in der Natur nachzudenken. War es wirklich richtig und dem Menschen gemäß, sich einer Unzahl von gesellschaftlichen Regeln und übertriebenen Formen zu unterwerfen, seinen Körper in unzweckmäßige Kleidung einzuzwängen, sein Haar zu pudern oder unter Perücken zu verstecken, statt es frei wallen zu lassen? Die Legende von Tahiti – damals meist Otaheiti genannt – wurde geboren, weil sich jeder ein solches Gemeinwesen in grenzenloser Freiheit ersehnte, weil man in einem Zeitalter der Kriege dort zu leben wünschte, wo ewiger Friede die Menschen umschuf zu glücklichen, friedfertigen und harmonischen Wesen.

Ein Leben in Liebe, Lust und schrankenloser Freiheit! Gerstenberg gewann für den Auswanderungsplan Voß, Friedrich von Stolberg, Christoph Martin Wieland, ja sogar der alte Klopstock zeigte sich nicht abgeneigt. Und auch Claudius, froh, aus dem ungastlichen Darmstadt endlich wieder in Wandsbek zu sein, schien bereit, sich der poetischen Auswanderergesellschaft anzuschließen.

Natürlich wurde aus dem Unternehmen nichts, denn keiner von ihnen hätte das gewohnte Leben missen mögen, und sie alle hätten sich auf Tahiti bestimmt recht unglücklich gefühlt, zumal dort niemand ihre Verse verstehen konnte. Dennoch war der Plan keineswegs einer Weinlaune entsprungen, sondern offenbarte, wie sehr diese Dichter unter den Verhältnissen litten, die ihnen aufgezwungen waren.

Keiner von ihnen konnte als unabhängiger Schriftsteller existieren, sie alle brauchten Ämter und festes Gehalt oder – wie Klopstock – gnädige Mäzene, um ihren Unterhalt zu sichern. Die Dichter lebten in Deutschland isoliert, nicht anerkannt, eher mißachtet, ihre Bücher zählten nichts, es sei denn bei den Zensoren. Kein Urheberrecht schützte ihr geistiges Eigentum, gutgehende Bücher wurden einfach nachgedruckt, wobei die Raubdrucker nicht selten ein Vermögen verdienten. Und war einer zu unvorsichtig mit dem Wort, so konnte sein Leben – wie das des armen Christian Friedrich Daniel Schubart in Württemberg – im Kerker enden.

Nimmt man nun noch die strenge, aber verlogene Sittlichkeitsmoral hinzu, die damals sowohl im Bürgertum als auch im aufgeklärten Adel die soziale Atmosphäre prägte, so versteht man, warum sich so viele hinwegträumten in ein Paradies, das keineswegs nur Utopie, sondern in der Südsee Realität geworden war. Daß auch die Tahitianer Kriege führten, daß es auch dort eine ausgeprägte Klassengesellschaft mit allen bekannten Formen der Unterdrückung gab, daß auch die Sexualität ganz und gar nicht frei war von vielfältiger Repression, daß die vermeintlich so unbefangenen Insulanerinnen, die sich den Europäern anboten, tatsächlich Prostituierte waren – wer wußte das? Vor allem: Wer wollte es überhaupt wissen?

Die literarischen Folgen dieser Illusion blieben nicht aus. Friedrich Wilhelm Zachariae veröffentlichte 1778 ein Gedicht *Tayti oder Die Glückliche Insel.* Von Wilhelm Heinse erschien 1787 der vielbeachtete Roman *Ardinghello und die glücklichen Inseln,* der zwar in der Ägäis spielt, aber ohne die Inspiration durch die Tahiti-Legende nicht denkbar ist. Und ein Jahr später veröffentlichte Friedrich von Stolberg seinen Roman *Die Insel,* worin viel von der Utopie einer auf Freiheit, Gleichheit, Gerechtigkeit und Schönheit ausgerichteten Gesellschaft die Rede ist.

Wir wissen nicht, wie Claudius wirklich über den Tahiti-Plan seines Freundes Gerstenberg gedacht hat; ich vermute, für ihn wird das Ganze eine Art von höherem Jux gewesen sein, für den er zeitlebens sehr viel Sinn besaß. Ernsthaft dürfte er wohl nie an eine Auswanderung in die Südsee gedacht haben, das hätte ja bedeutet, das geliebte Wandsbeker Gehölz gegen einen Palmenwald auf Tahiti zu tauschen. Nein, er hätte sich dort – und weit mehr noch als in Darmstadt – vor Heimweh nach Wandsbek verzehrt. Für ihn verflüchtigte sich der Tahiti-Traum sehr schnell, wichtiger war es, sich um seine Schriften zu kümmern.

Wenn ein Autor in die Jahre kommt und einiges Ansehen genießt, ehrt man ihn durch die Herausgabe seiner gesammelten Werke. Nicht so Claudius. Er hatte sich seine gesammelten Werke selber spendiert, und das schon mit fünfunddreißig Jahren. Die ersten zwei Bände, in einem Band zusammengefaßt, waren 1775 erschienen unter dem Titel *Asmus omnia sua secum portans,* das heißt: Asmus, der alles Seine mit sich trägt. Claudius macht sich nun daran, dieses Unternehmen fortzuführen. Bei *Asmus* I und II war es nicht schwierig gewesen, das Verstreute zu sammeln, denn alle in Buchform zusammengefaßten Stücke hatte er früher in den *Adreß-Comptoir-Nachrichten* oder im *Wandsbecker Bothen* gedruckt, allerdings erfuhren die meisten eine stilistische Überarbeitung.

Jetzt, beim zweiten »Büchel« *(Asmus* III) ist das nicht viel anders. Aufgenommen sind Stücke aus dem *Wandsbecker Bothen,* dem *Deutschen Museum,* aus der *Hessen-Darmstädtischen privilegirten Land-Zeitung* und aus dem von Johann Heinrich Voß herausgegebenen *Musenalmanach.* Und wie beim ersten *Asmus* werden mehrere Stücke für den Band, der weniger umfangreich ausfällt, neu geschrieben. Der Verleger ist nicht der alte geblieben: Bode hat sich nicht nur von seinem Redakteur, sondern auch von seinem Autor getrennt, und jetzt kümmert sich Gottlieb Löwe in Breslau um den Dichter aus Wandsbek.

Das neue *Asmus*-Büchlein wird im August 1777 in den Zeitungen Hamburgs und Altonas angekündigt und kurz nach Ostern 1778 verschickt. Wieder ist Claudius sein eigener Buchverkäufer, wieder helfen ihm die alten Freunde dabei, Abnehmer zu finden, und der Kriegsrat Merck rührt in Darmstadt für den einstigen

Oberlandcommissarius die Werbetrommel. So werden 1.500 Exemplare verkauft, für die damalige Zeit kein schlechtes Ergebnis, wobei daran zu erinnern ist, daß Claudius zunächst Papier und Druck aus eigener Tasche zu bezahlen hat.

Wie der erste *Asmus,* so enthält auch dieser neue einige ganz besondere Kostbarkeiten. So das Gedicht mit der Überschrift *Täglich zu singen:*

Ich danke Gott, und freue mich
    Wie 's Kind zur Weihnachtsgabe,
Daß ich bin, bin! Und daß ich dich,
    Schön menschlich Antlitz! habe;

Daß ich die Sonne, Berg und Meer,
    Und Laub und Gras kann sehen,
Und abends unterm Sternenheer
    Und lieben Monde gehen;

Und daß mir denn zumute ist,
    Als wenn wir Kinder kamen,
Und sahen, was der heil'ge Christ
    Bescheret hatte, amen!

Ich danke Gott mit Saitenspiel,
    Daß ich kein König worden;
Ich wär geschmeichelt worden viel,
    Und wär vielleicht verdorben.

Auch bet ich ihn von Herzen an,
    Daß ich auf dieser Erde
Nicht bin ein großer reicher Mann,
    Und auch wohl keiner werde.

Denn Ehr und Reichtum treibt und bläht,
    Hat mancherlei Gefahren,
Und vielen hat's das Herz verdreht,
    Die weiland wacker waren.

Und all das Geld und all das Gut
    Gewährt zwar viele Sachen;

> Gesundheit, Schlaf und guten Mut
> Kann's aber doch nicht machen.
>
> Und die sind doch, bei Ja und Nein!
> Ein rechter Lohn und Segen!
> Drum will ich mich nicht groß kastein
> Des vielen Geldes wegen.
>
> Gott gebe mir nur jeden Tag,
> Soviel ich darf zum Leben.
> Er gibt's dem Sperling auf dem Dach;
> Wie sollt er's mir nicht geben!

Dieses Gedicht enthält die ganze Lebensphilosophie des Matthias Claudius: das Glück des Daseins und die Zufriedenheit mit
dem ihm beschiedenen bescheidenen Leben. Kein Geld kann
ihm das erkaufen, und es gibt wichtigere Dinge im Leben, vor
allem wenn man so glücklich ist, mit sich und seinem Schicksal
so sehr im reinen zu sein. Selbst der erste Zahn eines Kindes ist
ihm Anlaß, das gewichtige Faktum in ein Gedicht zu fassen und
der Öffentlichkeit mitzuteilen:

> Victoria! Victoria!
> Der kleine weiße Zahn ist da.
> Du Mutter! komm, und groß und klein
> Im Hause! kommt, und kuckt hinein,
> Und seht den hellen weißen Schein.
> Der Zahn soll Alexander heißen.
> Du liebes Kind! Gott halt ihn Dir gesund,
> Und geb Dir Zähne mehr in Deinen kleinen Mund,
> Und immer was dafür zu beißen!

Weniger vergnügt ist das *Schreiben eines parforcegejagten Hirschen an
den Fürsten der ihn parforcegejagt hatte, d. d. jenseit des Flusses.* In den
Parforce-Jagden jener Zeit – Claudius wird davon in Darmstadt
erfahren haben – ging es darum, einen Hirsch über weite Strecken zu hetzen; die Jäger verfolgten das Tier zu Pferd, begleitet
von einer großen Hundemeute, so lange, bis das Wild erschöpft
zusammenbrach oder von den Hunden gestellt und dann erlegt

wurde. Diese besonders grausame Art der Jagd, die weniger mit Jagd als mit Tierquälerei zu tun hatte, war, wie die Jagd damals überhaupt, dem Adel vorbehalten. Hier der Brief:

»Durchlauchtiger Fürst, Gnädigster Fürst und Herr! Ich habe heute die Gnade gehabt, von Ew. Hochfürstlichen Durchlaucht parforcegejagt zu werden; bitte aber untertänigst, daß Sie gnädigst geruhen, mich künftig damit zu verschonen. Ew. Hochfürstl. Durchl. sollten nur *einmal* parforcegejagt sein, so würden Sie meine Bitte nicht unbillig finden. Ich liege hier und mag meinen Kopf nicht aufheben, und das Blut läuft mir aus Maul und Nüstern. Wie können Ihr Durchlaucht es doch übers Herz bringen, ein armes unschuldiges Tier, das sich von Gras und Kräutern nährt, zu Tode zu jagen? Lassen Sie mich lieber totschießen, so bin ich kurz und gut davon. Noch einmal, es kann sein, daß Ew. Durchlaucht ein Vergnügen an dem Parforcejagen haben; wenn Sie aber wüßten, wie mir noch das Herz schlägt, Sie täten's gewiß nicht wieder, der ich die Ehre habe zu sein mit Gut und Blut bis in den Tod etc. etc.«

Die Lektüre der 1777 gedruckten *Geschichte und Beschreibung von Japan* von Engelbert Kaempfer hat Claudius mit einer bis dahin kaum bekannten Welt vertraut gemacht. Der aus dem lippischen Lemgo stammende Arzt Kaempfer hatte das Glück, 1691 von Nagasaki aus das den Europäern sonst streng verbotene Japan zu bereisen, um in Edo (heute Tokio) dem regierenden Shogun (Kaempfer bezeichnet ihn als Kaiser) zu huldigen. Bis weit in das 19. Jahrhundert hinein war Kaempfers Reisebericht die einzige Quelle für die wissenschaftliche Japan-Forschung. Claudius nun erfindet eine eigene Audienz beim japanischen Kaiser. Äußerlich mag das – mit den Einsprengseln eines erfundenen Japanisch – wie ein Jux anmuten, aber hinter der vergnüglichen Kulisse geht es um Ernsteres. So redet Asmus dem Monarchen ins Gewissen:

»Ja, du lieber Kaiser, alle Menschen sind Brüder. Gott hat sie alle gemacht, einen wie den andern, und gab ihnen diese Welt ein, daß sie sich darin bis weiter wie Brüder miteinander freuen und liebhaben, und glücklich sein sollten. Sie konnten sich aber nicht vertragen und taten sich untereinander allerhand Unrecht und Herzeleid an; da wählte Gott die besten, die edelsten unter ihnen aus, die demütig, weise, gerecht, reines Herzens, gütig, sanftmütig und barmherzig waren, und verordnete sie, bei den übrigen Vaterstelle zu vertreten. Und das sind die Fürsten, Kaiser und Könige.«

Keine Frage, daß diese Erklärung gedacht ist als ein Fürstenspiegel: Seht, so seid ihr Fürsten geworden, solchen hohen moralischen Ansprüchen seid ihr unterworfen. Und er ergänzt:

»Ein guter Fürst fürchtet Gott, und bittet von ihm Weisheit, daß er wohl regieren möge; und denn gibt ihm Gott Weisheit und salbt ihm sein Herz mit hoher himmlischer Gesinnung, und denn kann er alles, und achtet keiner Mühe, vergißt sich und seine eigne Glückseligkeit ganz und gar und lebt und webt nur für sein Volk. [...] Stelle dir ein weites Land vor, lieber Kaiser, wo in jeder kleinen Hütte vergnügte Leute wohnen, die ihren Fürsten lieb haben, alle Morgen 'n Abendsegen für ihn beten, und gerne ihr Leben für ihn ließen – möchtest du nicht der Fürst sein? Und das ist nur so 'n kleiner Vorlaut des Lohns. Ein guter Fürst soll und kann von Menschen nicht belohnt werden; er sitzt mit den Göttern zu Tische.«

Und am Ende der Audienz bittet der friedliebende Asmus den Kaiser: »Ich habe noch eins auf dem Herzen, Sire. Wir haben in Nagasaki so viele Soldaten und Kanonen gesehn: wenn du *irgend* umhinkannst, lieber guter Fürst, so führe nicht Krieg. Menschenblut schreit zu Gott und ein Eroberer hat keine Ruhe.«

Mit einem kleinen Schlenker erlaubt sich Claudius auch eine Huldigung an seinen Freund Lessing, der seit 1770 in Wolfenbüttel sein Geld als Bibliothekar verdient. In der Audienz rühmt Asmus dem Kaiser seinen Freund, und als gefragt wird, ob denn der Herr Lessing nicht »auf die Bank der Philosophen« gehöre, erwidert Asmus: »Ich wollte aber doch raten, daß Ew. Maj. ihm lieber seinen eignen Stuhl setzten. Die gewöhnlichen Bänke passen nicht für ihn, oder vielmehr er paßt nicht für die Bänke, und sitzt sie alle nieder.« Lessing nimmt das dankbar zur Kenntnis: »Danken Sie Ihrem ehrlichen Vetter, dem weltberühmten Asmus, von mir tausendmal, daß er sich bei Seiner Majestät dem Kaiser von Japan meiner so günstig hat erinnern wollen.«

Zurück in Wandsbek, findet Claudius nicht nur die alte Wohnung, sondern auch Freund Voß vor. Der war ja kurz vor dem Aufbruch nach Darmstadt hierher übergesiedelt, hatte geheiratet, und zwischen den beiden Familien entwickelt sich nun eine herzliche Gemeinschaft. Viel zu brechen und zu beißen haben sie beide nicht, aber die Frauen – Rebecca und Ernestine sind miteinander ebenso innig befreundet wie ihre Männer – finden immer wieder Möglichkeiten, etwas auf den Tisch zu bringen, und erweisen sich die Speisekammern als völlig ausgeplündert, so bleibt immer noch der Weg zu Schimmelmanns Gärtner, der ihnen einen Karpfen aus dem Schloßteich fischt. Leider währen die gemeinsamen Freuden nicht lang, denn Voß wird als Rektor nach Otterndorf im Lande Hadeln berufen und reist im Oktober 1778 ab.

Um dem ständigen Geldmangel abzuhelfen, hat Claudius Übersetzungsaufträge angenommen. Mit dem ersten war es im Herbst 1775 schiefgegangen. Der Leipziger Verleger Wygand hatte Claudius angeboten, die *Reisen durch Portugal und Spanien im Jahr 1772 und 1773* des englischen Schriftstellers Richard Twiss zu übersetzen. Claudius war darauf eingegangen, merkte aber bald, daß seine Englischkenntnisse nicht ausreichten. Erst setzte Hölty die Arbeit fort, dann Voß und schließlich vollendete der Hamburger Christoph Daniel Ebeling das Unternehmen.

Doch dann wählt Claudius französische Bücher, denn in dieser Sprache ist er weit eher zu Hause. Den Roman *Geschichte des ägyptischen Königs Sethos* von Jean Terrasson (1731) überträgt Claudius 1777; seine Übersetzung erscheint noch im selben Jahr im Verlag von Gottlieb Löwe in Breslau, der auch *Asmus* III herausgebracht hatte, und wird 1791 Vorlage für Emanuel Schikaneders Oper *Die Zauberflöte,* die Mozart in Musik setzt. Löwe ist zufrieden, und so folgt 1780 der utopische Roman *Die Reisen des Cyrus, eine moralische Geschichte* von Allan Ramsay. Bei beiden Übersetzungen ist der Name von Claudius auf dem Titelblatt genannt, das Buch von Ramsay erscheint zudem »mit einer Vorrede des Asmus«.

Diese Vorrede wendet sich am Ende an alle jene, die wie Cyrus einmal als Könige auf den Thron gelangen, und so empfiehlt der Übersetzer den Roman als Lektüre für Kronprinzen, wobei Claudius natürlich an den dänischen denkt: »Wenn ein Prinz mit Salomo um Weisheit und Erkenntnis bittet, daß er vor seinem Volk aus und ein gehe; so hat Gott wohl noch andre Wege, ihm Weisheit und Erkenntnis zu geben als durch 'n Buch; sonst aber werden gewißlich die Kronprinzen dies Buch nicht ohne Nutzen lesen, und ich wollte, ich wäre so glücklich einen zu kennen, daß ich's ihm dedizieren und in die Hand geben dürfte und er mir's nicht ungnädig nähme. Ich würde ihm sagen:

»Lieber teurer Kronprinz,

Sie sollen 'nmal eine Krone tragen als der Freund und Vater von vielen tausend Menschen, jung und alt, die in den Städten und Dörfern Ihres Reichs wohnen, und es wird Ihnen an Schmeichlern und Versuchung zum Bösen nicht fehlen. Sie wissen freilich selbst am besten, wie Sie sich dabei nehmen wollen; aber es wird Sie doch freuen zu sehen, wie der Kronprinz Cyrus sich dabei genommen hat.

Liebe Königliche Hoheit,

Dies Buch ist geschrieben und übersetzt, Ihnen diese Freude zu machen. Sei'n Sie so gnädig es zu lesen, und Gott gebe, daß Sie ein guter König werden.«

Wie bei der Audienz am japanischen Kaiserhof nimmt auch hier wieder Asmus den Fürstenspiegel zur Hand: So soll ein König sein. Aber sind sie so in Europa, hatte der Kaiser wissen wollen. Asmus, diplomatisch: »Kaiser, ich bin zu gut, eine Lüge zu sagen; ich weiß es nicht. Die aber so sind, die haben sanften Schlaf, und sind angenehm im Himmel und auf Erden.« Vielleicht würde über dies alles der dänische Kronprinz nachdenken.

Wieder für Gottlieb Löwe in Breslau übersetzt Claudius 1781 *Irrtümer und Wahrheit* des französischen Philosophen Louis-Claude de Saint-Martin. Begeistert schreibt er am 20. Dezember 1781 an seinen Freund Christian von Haugwitz, den er bei seiner Arbeit gelegentlich um Rat bittet:

»Der Sinn des Verfassers wird mir alle Tage heiliger und ich weiß es Dir noch einmal zu sagen, wenn überhaupt das Übersetzen seines Buches nicht nach seinem Sinn wäre, so mag ichs nicht übersetzen. Es wird darum freilich übersetzt werden, aber ich mag es nicht tun und ich will lieber bloß für mich allein übersetzt haben.«

Denn dies ist ein Buch, worin sich Claudius mit seinen ganz eigenen Vorstellungen wiederfindet. So vermutet Saint-Martin eine menschliche Urreligion, von der alle Religionen ausgegangen sind, ein Gedanke, der Claudius besonders sympathisch ist, hatte er doch schon in der Vorrede zu *Die Reisen des Cyrus* festgestellt, daß Christen-, Juden- und Heidentum durchaus Gemeinsames besitzen.

Auch ist Saint-Martin der Ansicht, daß Wissenschaft und Aufklärung viel dazu beigetragen haben, den Menschen von der Gotteserkenntnis abzubringen, und ähnlich denkt Claudius, wenn er etwa von den einzig auf Vernunft gründen wollenden Ansichten des Herrn Ahrens spricht (des fiktiven Lehrers des Boten). Für den Menschen vom Beginn des 21. Jahrhunderts wäre dieser Gedanke vielleicht so zu formulieren: Eine Technik, die alles für machbar hält und zum Beispiel in der Gentechnologie den Menschen für absolut manipulierbar erachtet; eine Wissenschaft, die nur gelten läßt, was sie materiell messen und berechnen kann; eine Gesellschaft, die einem ausschließlich materialistisch-mechanistischen Weltbild vertraut, weil sie die Vorherrschaft des Geistes nicht anerkennt, hindert den Menschen an der Erkenntnis Gottes und des geistigen Lebens. Es ist verständlich, wenn Claudius die Lektüre und anschließende Übersetzung dieses Buchs von Saint-Martin so sehr erregt. Hier spricht einer das aus, was ihn schon lange bewegt.

Übersetzungen wurden und werden schlecht bezahlt, und Claudius hätte nie von diesen Honoraren leben können. Da, im Frühjahr 1778, gerade ist das neue »Büchel« heraus, kommt Hilfe von ganz unerwarteter Seite. Der Düsseldorfer Schriftsteller und Philosoph Friedrich Heinrich Jacobi bittet Claudius, die Erziehung seiner beiden Söhne zu übernehmen. Zu Ostern 1778 kommen

der dreizehnjährige Johann Friedrich und der zehnjährige Georg
Arnold nach Wandsbek, um bei Claudius Unterricht zu erhalten.
Schönschreiben und Rechnen übernimmt »ein tüchtiger Schul-
lehrer des Orts«, wie sich Georg Arnold später erinnert, Claudius
übt mit den Kindern Latein, Englisch und Italienisch und auch
ein wenig Griechisch. Mathematik, Geometrie, Geschichte und
Geographie werden mehr oberflächlich behandelt, »im eigentli-
chen Sinne nur angesehen«, desto gründlicher aber Religion und
Kirchengeschichte. Das Urteil von Georg Arnold über die Pädagogik des Boten ist zwiespältig:

»Auch ist nicht not zu sagen, daß im Allgemeinen die schöne
und fromme Seele des Vaters Claudius sich, wie in seinen Schriften, auch in dem Unterricht aussprach und einwirkte. Demunge-
achtet war er kein bequemer Erzieher und Lehrer für seine Zöglinge und Schüler. Der Humor, der den Boten auszeichnete und
unter die Klassiker der Nation gereiht hat, äußerte sich auch nicht
immer so freundlich als Laune in dem Leben und lehrte uns bald
dies faustas et infaustas [glückliche und unglückliche Tage] in dieser
Hinsicht unterscheiden, deren Vorerkennung in seiner Gebärde
insgemein unsere erste Morgenspekulation war, – worin ich besonders eine große Fertigkeit erworben hatte, – um uns danach
zu rüsten. Überall aber nahm er mehr als billig die Furcht zu
Hilfe, um zu erwirken, was durch Zuspruch und Ehrgefühl hätte
erreicht werden können, für welches letztere der Sinn früh in uns
geweckt worden war und dessen Verletzung durch ungewohnte
Drohungen wir tief empfanden. Ein kindlich trauliches Verhältnis gestaltete sich daher nicht mit ihm, wie – begreiflich leichter
– mit der unvergleichlichen Mutter Rebecca. – Erst später er-
kannten wir, was durch ihn uns geworden war und wie er seine
Liebe den alten Zöglingen immer erhielt, so verklärte sich auch
sein Andenken in uns, in dem Maße wie wir ihn würdigen lernten,
zu immer steigender Liebe bei öfterem Wiedersehen bis an sein
Ende.«

Kinder sind in jener Zeit nicht etwa Partner, von ihnen wird zu-
vörderst Gehorsam und Ehrerbietung verlangt. Sie reden ihre

Eltern mit »Sie« an, und Matthias und Rebecca erwarten von ihren Kindern jeden Morgen die Begrüßung mit einem respektvollen Handkuß. Claudius ist kein geborener Pädagoge, und Kindererziehung geschieht in der »Zucht und Vermahnung des Herrn« und vielleicht auch gelegentlich mehr in der Gottesfurcht denn Gottesgüte.

Auch die Musik kommt im Unterricht nicht zu kurz, nicht die Theorie, sondern die Praxis. Claudius, der nach allen Zeugnissen ganz vorzüglich Klavier gespielt haben muß, hat seiner Frau das Spiel auf dem Violoncello beigebracht, seine Kinder lernen alle ein Instrument, und Freunde, die ins Haus kommen, sind am liebsten gesehen, wenn sie einen Teil des Claudiusschen Hausorchesters bilden können. So auch die beiden Jacobis. Wichtiger als jeder Lehrstoff und alle Theorie darin sind sich Claudius und Jacobi einig – ist das Vorgelebte, denn alles Reden über Religion zum Beispiel ist fruchtlos, wenn sie nicht vorgelebt wird.

Neben der Musik liebt Claudius ganz besonders das Kegeln und betrachtet es als Auszeichnung, dabei mittun zu dürfen. Die Schwiegereltern Behn unterhalten eine Gastwirtschaft mit einer Kegelbahn. Zum Spiel kommen neben Wandsbekern auch Hamburger Freunde, sogar Pastor Milow beteiligt sich begeistert, »ohne dadurch bei seiner Gemeine Anstoß zu erregen«, wie Voß berichtet, der uns auch informiert, daß die Wandsbeker Frauen freien Zutritt haben und Claudius sich selber zum Präsidenten aller Kegler und Keglerinnen ernennt, der selbst die zu genießenden Erfrischungen vorschreibt. Bis abends um zehn Uhr rollt die Kugel, »bei Licht und im Mondenschein«, und die beiden Jacobi-Jungen dürfen auch mitmachen. Nicht zu vergessen: Der vermögende Jacobi läßt sich die Wandsbeker Erziehung ein gutes Stück Geld kosten, was die stets bedrängte Lage der Claudius-Finanzen stabilisiert.

Im Sommer 1778 riecht es wieder nach Krieg. Streit um die Erbfolge in Bayern und vorschnelle österreichische Begehrlichkeiten auf bayerisches Gebiet veranlassen Preußen zu militärischer Intervention, um Österreich nicht zu mächtig werden zu lassen, denn sonst geht der Erbfolgestreit Preußen überhaupt nichts an. Im Juli 1778 marschiert die preußische Armee in Böhmen ein. Doch es kommt kaum zu militärischen Aktionen, beide Heere sind mehr an der Beschaffung von Nahrungsmitteln interessiert. Das hat diesem Krieg den Beinamen »Kartoffelkrieg« eingetragen, doch lustig ging es wahrlich nicht zu. Schlechtes Wetter und Hunger verursachen Epidemien, und es sterben erheblich mehr Soldaten an Krankheiten als an Kampfhandlungen. Schon im Mai 1779 wird Frieden geschlossen.

Die Nachricht, daß Preußen zum vierten Mal in nur vier Jahrzehnten einen Krieg gegen Österreich beginnt, erschüttert Claudius und inspiriert ihn zu einem Gedicht, das er *Kriegslied* überschreibt:

's ist Krieg! 's ist Krieg! O Gottes Engel wehre,
    Und rede du darein!
's ist leider Krieg – und ich begehre
    Nicht schuld daran zu sein!

Was sollt ich machen, wenn im Schlaf mit Grämen
    Und blutig, bleich und blaß,
Die Geister der Erschlagnen zu mir kämen,
    Und vor mir weinten, was?

Wenn wackre Männer, die sich Ehre suchten,
    Verstümmelt und halb tot
Im Staub sich vor mir wälzten, und mir fluchten
    In ihrer Todesnot?

Wenn tausend tausend Väter, Mütter, Bräute,
    So glücklich vor dem Krieg,
Nun alle elend, alle arme Leute,
    Wehklagten über mich?

Wenn Hunger, böse Seuch und ihre Nöten
    Freund, Freund und Feind ins Grab
Versammleten, und mir zu Ehren krähten
    Von einer Leich herab?

> Was hülf mir Kron und Land und Gold und Ehre?
> Die könnten mich nicht freun!
> 's ist leider Krieg - und ich begehre
> Nicht schuld daran zu sein!

Wie so oft in der Lyrik von Claudius wird hier etwas ausgedrückt, was vor ihm noch kein anderer so ausgesprochen hat: die Ohnmacht eines friedliebenden Menschen vor den Greueln des Krieges, die er nicht verhindern kann, und das Bewußtsein, in irgendeiner Weise doch heimlich mitverantwortlich zu sein für das Gesicht seiner Epoche. Er begehrt, nicht schuld zu sein, das ist eine zu Herzen gehende hilflose Formulierung, und wer wollte auch auf den Gedanken kommen, einen bescheidenen Dichter und Journalisten aus Wandsbek in die Verantwortung zu nehmen? Claudius ist einer der wenigen Schriftsteller seiner Zeit, denen es ganz unvorstellbar wäre, solche die Kriegstaten verherrlichenden Gedichte wie etwa die *Kriegs- und Siegeslieder der Preußen von einem preußischen Grenadier* (1758) zu verfassen, wie sie der doch sonst eher friedliche Vater Gleim mitten im Getöse des Siebenjährigen Kriegs unter das Volk gebracht hatte. Nicht Friedrich II. von Preußen, der allen Grund gehabt hätte, sondern Claudius macht sich Vorwürfe; er, nicht der König, fühlt sich verantwortlich; ihm, nicht Friedrich, erscheinen im Traum die Erschlagenen, die Gemetzelten, die anklagend mit dem Finger auf ihn weisen und vor denen die Beteuerung seiner Unschuld nicht besteht. Für diesen Dichter stellt sich die Frage, die auch wir uns in unserem von Kriegen erfüllten Jahrhundert stellen: Haben wir alle genug für den Frieden getan, tragen wir Mitschuld an dem, was fern von uns, auf anderen Kontinenten an Kriegsgreueln geschieht – oder auch unmittelbar vor unserer Haustür?

Kaiserin Maria Theresia hat den von ihr geschlossenen Frieden nur um ein Jahr überlebt: Am 29. November 1780 stirbt sie. Kurz nachdem die Nachricht in Wandsbek bekannt wird, schreibt Claudius ihr in nur sechs Versen einen Nachruf, wie ihn schöner wohl nie ein Staatsoberhaupt erhalten hat:

Sie machte Frieden! Das ist mein Gedicht.
War ihres Volkes Lust und ihres Volkes Segen,
Und ging getrost und voller Zuversicht
Dem Tod als ihrem Freund entgegen.
Ein Welteroberer kann das nicht.
Sie machte Frieden! Das ist mein Gedicht.

Am 16. Dezember erscheint dieses Gedicht in der *Hamburgischen Neuen Zeitung.* Der Tod ihres lebenslangen Feindes sechs Jahre später wird Claudius nicht ein einziges Wort des Bedauerns abnötigen.

Etwa zwei Jahre vorher ist ein Gedicht entstanden, das auch vom Frieden spricht, aber vom Frieden der Natur und dem Los des Menschen. Der von Voß herausgegebene *Musenalmanach für 1779,* gedruckt 1778 in Hamburg, bringt es auf den Seiten 184 bis 186 unter dem Titel *Abendlied,* und es ist bis heute zu Recht das berühmteste und vollkommenste Gedicht von Claudius geblieben:

Der Mond ist aufgegangen
Die goldnen Sternlein prangen
    Am Himmel hell und klar;
Der Wald steht schwarz und schweiget,
Und aus den Wiesen steiget
    Der weiße Nebel wunderbar.

Wie ist die Welt so stille,
Und in der Dämmrung Hülle
    So traulich und so hold!
Als eine stille Kammer,
Wo ihr des Tages Jammer
    Verschlafen und vergessen sollt.

Seht ihr den Mond dort stehen? –
Er ist nur halb zu sehen,
    Und ist doch rund und schön!
So sind wohl manche Sachen,
Die wir getrost belachen,
    Weil unsre Augen sie nicht sehn.

Wir stolze Menschenkinder
Sind eitel arme Sünder,
  Und wissen gar nicht viel;
Wir spinnen Luftgespinste,
Und suchen viele Künste,
  Und kommen weiter von dem Ziel.

Gott, laß uns *dein* Heil schauen,
Auf nichts Vergänglichs trauen,
  Nicht Eitelkeit uns freun!
Laß uns einfältig werden,
Und vor dir hier auf Erden
  Wie Kinder fromm und fröhlich sein!

Wollst endlich sonder Grämen
Aus dieser Welt uns nehmen
  Durch einen sanften Tod!
Und, wenn du uns genommen,
Laß uns in Himmel kommen,
  Du unser Herr und unser Gott!

So legt euch denn, ihr Brüder,
In Gottes Namen nieder;
  Kalt ist der Abendhauch.
Verschon uns, Gott! mit Strafen,
Und laß uns ruhig schlafen!
  Und unsern kranken Nachbar auch!

Das vollkommene Kunstwerk und die Liebe haben gemeinsam, daß sie sich nicht definieren lassen. Warum ist dieses Gedicht makellos? Warum fand es – schon 1790 – eine adäquate Melodie, die es so leicht und rasch populär werden ließ, so populär, daß es heute als Volkslied gilt? Weil es so einfach ist? Aber was ist einfach? »Der Wald steht schwarz und schweiget« oder »in der Dämmrung Hülle« sind Bilder, die in der deutschen Lyrik jener Zeit wahrlich nicht zum gängigen Vokabular gehören, sowenig wie das kostbare Wort »Abendhauch«. Aber es kommt hier noch

etwas ganz anderes hinzu: die persönliche und durchaus moralische Anrede samt ihrem Gleichnischarakter.

Genau das, was andere Dichter schmählich scheitern läßt, nämlich die moralische Nutzanwendung, die erbauliche Predigt, sie
gelingt Claudius in bruchloser Integration. Er spricht in der Gewißheit des Glaubens und nur scheinbar naiv von der Kleinheit
des Menschendaseins, vom Tod und von der Beschränktheit unserer Einsicht, und das in einer Zeit, deren Fortschrittsgläubigkeit
der unseren kaum nachstand.

Das verschwebende Bild einer stillen Mondnacht wird ohne pa-
thetischen Aufhebens zum Abbild einer anderen Welt, die hoch
über Mond und Sternen gedacht wird, aber in den Gestirnen zum
Menschen spricht. Das ist gute Klopstock-Schule, doch Claudius
geht über den von ihm geliebten *Messias*-Dichter einen großen
Schritt hinaus. Er bedient sich der Alltagssprache, bedarf nicht
der Beglaubigung durch antikes Dekor, vor allem endet er nicht
hymnisch, sondern mit der bescheidenen Bitte um den Schlaf des
kranken Nachbarn.

Das ist wohl der ungewöhnlichste Schluß, den sich ein Gedicht
im 18. Jahrhundert erlaubt, ein Ausklang im Pianissimo. Der
Blick zum bestirnten Firmament wandert zurück zu seinem Aus-
gangspunkt. Zum Reiche Gottes gehört der ferne Glanz des
nächtlichen Himmels genauso wie »des Tages Jammer« im Haus
nebenan, und das eine hat mit dem anderen zu tun. Aber erst
Matthias Claudius hat das so ausgesprochen, herzrührend um ge-
sundenden Schlaf bittend, und darüber ist eines der größten Gedichte deutscher Sprache entstanden, das mit scheinbar leichter
Hand in sieben Strophen den Bogen schlägt vom Makro- zum
Mikrokosmos, von Gott zu unserm kranken Nachbarn. Und das
alles ist so selbstverständlich, als könnte es gar nicht anders sein.

Das Gedicht hat sofort viele Komponisten zur Vertonung inspiriert, Johann Friedrich Reichardt (1779), Johann Adam Hiller
(1790), Michael Haydn (1801), Franz Schubert (1816), aber zum
Volkslied machte es 1790 die Weise von Johann Abraham Peter
Schulz, die wir noch heute singen.

Am 2. September 1779 wird Auguste geboren, und am 16. Mai 1781 folgt Henriette (gerufen Trinette). Somit gibt es nun mit Caroline (geb. 1774), Christiane (geb. 1775) und Anna (geb. 1777) fünf Töchter im Haus. Die beiden Söhne Jacobis sind nicht mehr dabei; Vater Jacobi hatte sie im Juni 1780 abgeholt, war drei Wochen in Wandsbek geblieben und in dieser Zeit einer der engsten Freunde von Claudius geworden, dem er das brüderliche Du gewährt, was er sonst äußerst selten tat. Mit der Abreise der Jacobis entfällt auch das großzügig bemessene Erziehungsgeld, aber wieder kommt Hilfe. Gustav Freiherr von Schlabrendorf stiftet dem von ihm bewunderten Dichter von 1781 bis 1785 eine jährliche Unterstützung von jeweils 200 Talern. Mit den Honoraren aus den Übersetzungen, aus den *Asmus*-Bänden (der erste Teil muß der Nachfrage wegen wieder aufgelegt werden) und einzelnen Veröffentlichungen in Zeitungen und Almanachen ist damit nicht nur der Lebensunterhalt gesichert: Claudius kauft sich ein Haus.

Seit Dezember 1770 hatte er zur Miete ein Haus an der Lübecker Straße bewohnt, das dem Maurermeister Schwarzlose gehört. Für die nunmehr siebenköpfige Familie war das Haus zu klein geworden, auch machten sich Feuchtigkeit und Baufälligkeit bemerkbar. Jetzt, am 5. November 1781, kauft er ein an der Lübschen Landstraße (heute Wandsbeker Marktstraße) gelegenes Haus vom Zimmermeister Paul Haase für 9.000 Mark, was etwa 4.500 Reichstalern entspricht. »Noch habe ich Euch eine Neuigkeit zu sagen, nämlich daß ich uns hier in Wandsbek ein Haus gekauft habe«, schreibt er an Herder. »Unser bisheriges Miethäuschen ward uns physisch zu enge und dazu fings an einzufallen, da hab ich denn *hardiment* [kühn] eins gekauft, das einen Platz hinter sich hat, eine Kuh zu weiden. Das Haus ist größer, als es uns nötig ist, aber es ist fast das einzige im Ort, wo eine Kuh statt haben kann, die uns sehr not ist.«

Was Claudius nicht erwähnt: Der Platz hinter dem Haus ist eine Wiese, die zum sogenannten »Tiergarten« des Schimmelmannschen Parks gehört. Schimmelmann, 1779 vom dänischen König in den Grafenstand erhoben, war plötzlich 1782 in Kopenhagen gestorben; den Kaufvertrag zwischen Claudius und Haase hatte er noch als Gutsherr unterzeichnen können. Nun, nach seinem Tod, überläßt Caroline Tugendreich von Schimmelmann, die Witwe, diese Wiese hinterm Haus Claudius zur unentgeltlichen Nutzung auf Lebenszeit. Die Wiese dient übrigens keineswegs allein zur Kuhweide, sie wird auch mit Bäumen bepflanzt, und Claudius bittet alle Freunde, jeder möchte ihm doch bitte dafür einen Baum stiften.

Das 1781 erworbene Haus der Familie Claudius (um 1840)

Am 8. Mai 1783 wird Johannes, der langersehnte erste Sohn, geboren, und fast gleichzeitig kommt auch ein literarisches Kind zur Welt, nämlich der vierte Teil des *Asmus*.

In der Vorrede zum neuen Buch schreibt Claudius zum Schluß: »Schließlich ersuche ich die Herren Nachdrucker, daß sie mir mein Büchel nicht nachdrucken, weder halb noch ganz. Es ist das einzige das ich vorlege, und es muß so beisammen bleiben.«

Für seine Bitte gab es gute Gründe, und die hatten zu tun mit der völligen Recht- und Schutzlosigkeit eines Autors. Denn seit Erfindung des Buchdrucks existierte auch der unrechtmäßige Nachdruck. Ein Autor lieferte sein Manuskript an einen Verleger, und der zahlte ihm ein einmaliges Pauschalhonorar für alle Auflagen. Das Buch konnte viele Auflagen erleben, der Autor sah davon keinen Pfennig, denn man hatte ihn ja mit der Pauschalsumme abgegolten. Erwies sich aber ein Buch als erfolgreich, so druckten andere nach, denn Nachdruck war nicht unter Strafe gestellt. Da die Nachdrucker keine Honorare zu zahlen brauchten, konnten sie ihre Bücher auch billiger auf den Markt bringen,

zum Schaden des Autors, aber auch des rechtmäßigen Verlegers,
wofern das Wort »rechtmäßig« überhaupt benutzt werden kann.
Und da mangels eines Urheberrechts die Nachdrucker tun und
lassen konnten, was sie wollten, erschienen Nachdrucke oft ver-
stümmelt, stilistisch entstellt und gekürzt, auch in ihrer ursprünglichen Anordnung verändert, was natürlich dem Ruf des Autors
abträglich war, die hohen Einnahmen der Nachdrucker aber
nicht schmälerte.

Matthias Claudius,
1783 veröffentlichter Schattenriß

Der erste *Asmus* war kaum auf dem Markt, als der Raubdrucker
Flörke in Danzig mit einem wesentlich billigeren Nachdruck (nur
um Druckfehler reicher) herauskam, was Claudius zwang, die noch
bei ihm befindlichen Exemplare fast zum halben Preis abzugeben.
Und im Frühjahr 1781 kam August Hermann Niemeyer, Kanzler
der Universität Halle, auf den Gedanken, aus den ersten drei Teilen
des *Asmus* eine Auswahl zusammenzustellen mit dem Vermerk,
der Verkauf geschehe zum Besten des Autors. Gewiß wollte sich
Niemeyer nicht bereichern, aber es ärgerte Claudius, daß damit die
ursprüngliche Konzeption des *Asmus* zerstört wurde, man die Leu-

te glauben machte, es geschehe mit seinem Wissen, und Geld für Texte verlangt wurde, die schon erschienen und von den alten Subskribenten bezahlt worden waren. »Sie wissen am besten, lieber H. Professor«, schrieb er an Niemeyer, »daß ich an diesem Wiederdruck [...] unschuldig bin, ich denke auch unschuldig daran zu bleiben.« Verärgert schickte er ihm die schon überwiesenen 50 Taler zurück. Für einen Autor bedeutete es damals schon viel, wenn er durch ein fürstliches Privileg in seinem Land vor den Raubdruckern bewahrt blieb, es schützte ihn aber natürlich nicht vor dem, was jenseits der Grenzen mit seinen Schriften geschah. Erst 1870 erließ der Norddeutsche Bund – nach England und Frankreich – ein Urheberrechtsgesetz, das ein Jahr später Reichsgesetz wurde, womit der unrechtmäßige Nachdruck endlich unter Strafe gestellt werden konnte.

Im vierten Teil des *Asmus* fehlen erstmals die Rezensionen; von den Gedichten sind das *Abendlied*, das *Kriegslied* und *Auf den Tod der Kaiserin* darunter, neu aufgenommen *Ein Lied hinterm Ofen zu singen* und *Der Mensch*. Eine Erzählung mit dem Titel *Paul Erdmanns Fest* rühmt das einfache, beschauliche Leben des Bauern unter der milden väterlichen Herrschaft des Adels, und auch das schöne Wintergedicht über den Rauhreif *(Ein Lied vom Reifen)* verweist auf die innige Bindung des Landmanns an die Natur, von der die Stadtbewohner nichts wissen.

Aber auch ein solches anspruchsloses Leben bedarf der Gliederung durch Festtage, die überhaupt nicht aufwendig gefeiert werden müssen. So erinnert Asmus in einem fiktiven Brief seinen Vetter Andres daran, daß sie beide schon früher eigene Festtage eingeführt haben, etwa den *Grünzüngel* wenn die ersten jungen Erbsen und Bohnen gepflückt und zu Tisch gebracht werden sollen«. Und nun hat Asmus noch zwei neue erfunden, so den *Herbstling:*

»Der *Herbstling* ist nur kurz, und wird mit Bratäpfeln gefeiert. Nämlich: wenn im Herbst der erste Schnee fällt, und darauf muß genau achtgegeben werden, nimmt man so viel Äpfel als Kinder und Personen im Hause sind und noch einige darüber, damit wenn etwa ein Dritter dazukäme keiner an seiner quota gekürzt werde, tut sie in den Ofen, wartet bis sie gebraten sind, und ißt sie denn. So simpel das Ding anzusehen ist, so gut nimmt sich's aus wenn's recht gemacht wird. Daß dabei allerhand vernünftige Diskurse geführt auch oft in den Ofen hinein gekuckt werden muß etc. versteht sich von selbst.«

Und dann gibt es da noch den *Eiszäpfel,* der ein ziemlich kompliziertes meteorologisches Verhalten voraussetzt, ehe so richtig gefeiert werden darf mit einem Schneemann vorm Haus und Eiszapfen am Dach.

Zweihundert Jahre später mag man derlei belächeln und über so viel Anspruchslosigkeit die Nase rümpfen, dabei kann die hier entfaltete Phantasie und die Fähigkeit, mit bescheidenen Mitteln Festtagsfreude zu bereiten, uns heute eher beschämen, denn es scheint mir keine Frage zu sein, wer glücklicher ist. Claudius und seine Freunde, die sich nichts von dem leisten konnten, was heute eine Konsumwelt als Voraussetzung zum Glücklichsein verlangt, sind leichter mit sich und ihrem Schicksal im reinen gewesen als wir.

Trotzdem wäre es verfehlt, das falsche Lied von der guten alten Zeit anzustimmen oder jene so oft beschworene Legende vom Leben der Familie Claudius als einer immerwährenden beschaulichen Idylle neu aufzulegen. Es hat Lebensphasen gegeben, wo die materielle Not so groß war, daß nahezu jedes einigermaßen entbehrliche Stück Hausrat zu Geld gemacht werden mußte, und mit dem Hauskauf hat sich Claudius auf Lebenszeit verschuldet. Die permanenten Schwangerschaften haben Rebeccas Gesundheit hart zugesetzt, und auch Matthias war nicht der vitale Naturbursche, als der er manchmal geschildert wird. Die schwere Rippenfellentzündung, die er in Darmstadt überstand, war ein warnendes Zeichen; oft genug berichten seine Briefe von Krankheiten der Atmungsorgane, von wiederholten Erkältungen. Da jede Krankheit des Leibes untrennbar mit der Seele verbunden ist, waren dies möglicherweise Reaktionen des Körpers auf Beklemmungen durch Existenzangst, auf die Furcht, nicht mehr frei atmen zu können. Was Claudius, der manche Stunde stiller Verzweiflung erlebt haben muß, dann am Ende doch nicht verzweifeln ließ, ist sein starkes Gottvertrauen. »Lebe wohl, lieber Andres«, endet der Bericht über die neu erfundenen Feste, »und feire fleißig alle Festtage und Heilige Abende, bis der rechte Heilige Abend anbricht.«

Unter den kleinen Prosastücken im vierten Teil des *Asmus* ist eines, das besondere Beachtung verdient. Es ist der Bericht über einen Besuch im Hamburger Hiobsspital, wo man seelisch kranke, psychisch deformierte Menschen verwahrt, denn sie werden in der Tat verwahrt, nicht aber wirklich ärztlich betreut. Solche Menschen – als Narren, Toren oder Irre bezeichnet – wurden damals in Ketten gelegt und bekamen statt Medikamenten oder liebevoller Zuwendung oft genug Prügel verabreicht. Mitleid mit diesen Gemütskranken gab es nur selten.

Die knappe Schilderung von Claudius zeugt von Verständnis und Erbarmen und berichtet fast sachlich über die Lage der Kranken in diesem Spital. Am Schluß stellen die Besucher dem sie führenden Krankenwärter die Frage: »Wie können Sie alle Tage das Elend so ansehen?« Und bekommen zur Antwort: »Ist es darum weniger, wenn ich es nicht sehe? Und sieht man es denn allein hier?«

Claudius vermeidet es, zu dieser Frage Stellung zu nehmen, denn das müßte bedeuten, das ganze Sozialsystem seiner Zeit in Frage zu stellen: »Wir nahmen darauf Abschied und gingen weg, nicht ganz gleichgültig.«

Im September 1784 begibt sich Claudius auf eine ausgedehnte Reise. Graf Haugwitz, der auf einem Gut bei Oppeln in Schlesien lebt, hat ihn eingeladen, was wohl auch bedeutet, ihm die Reise finanziert. Der Aufenthalt bietet auch die Möglichkeit, seinen Verleger Löwe in Breslau kennenzulernen und seinen vermögenden Gönner, den Grafen Schlabrendorf, der in Hirschberg lebt. »Das Wetter ist wunderschön gewesen«, schreibt er aus Breslau an Rebecca, »und ich kann nicht genug sagen, was der Mond uns für Dienste getan hat. Gestern Abend sind wir vor dem Tor in einem artigen Garten gewesen mit Weinalleen, da waren auch viele feine *dams* und *demoiselles,* aber Du warst nicht unter ihnen.«

Von Schlesien aus setzt er die Reise fort nach Weimar, wo er endlich Herder und dessen Frau wiedersieht und den Freund Fritz Jacobi, der hier auch gerade zu Besuch ist. Goethe lernt er am 27. September kennen, als man sich im großen Kreis bei Knebels in Jena trifft: Herder und seine Frau, Fritz Jacobi und seine Schwester, Wieland, Claudius und Goethe – man versteht gut, warum Goethe meint, es sei »die wunderlichste Societät, die je an einem Tische gesessen« beisammen gewesen.

Trotz Herders und Jacobis fühlt sich Claudius hier fremd und gibt sich schweigsam. Daß Goethe einmal freundliche Worte über seine Gedichte gefunden und auch etwas zum *Wandsbecker Bothen* beigesteuert hat, ist lange her. Goethes religiöses Weltbild hat mit dem von Claudius wenig gemein, und daß der Wandsbeker den französischen Mystiker Saint-Martin übersetzt, macht Goethe eher mißtrauisch; aber da hat auch Herder seine Schwierigkeiten. Goethe fühlt sich stark zur antiken Klassizität hingezogen und empfindet sich eher als ein frommer Heide; die bäuerliche Schlichtheit und kindliche Frömmigkeit von Claudius wirken auf ihn fremd. Umgekehrt wird es Claudius in der Umgebung des Mannes, der bei Hofe verkehrt und auf großem Fuß lebt (verglichen mit den Wandsbeker Verhältnissen), nicht anders ergangen sein, allerdings hat er sich darüber nicht geäußert.

Wohler fühlt er sich, als er von Weimar aus in Halberstadt eintrifft und endlich den guten Vater Gleim persönlich kennenlernt. Der Alte ist hocherfreut, den Mann, dem er so herzlich gut ist und dem er jedes Jahr durch einen Jäger ein Reh schicken läßt zu festlichem Verzehr, endlich von Angesicht zu Angesicht kennenzulernen, und ist enttäuscht, daß Claudius nur für einen einzigen Tag bleiben will. Aber der hat so große Sehnsucht nach Rebecca und den Kindern, da mag er nicht länger bleiben. Am 4. Oktober ist er wieder daheim und schreibt gleich tags darauf an Gleim:

»Ihre Grübeleien aber, lieber altjunger Gleim! sind, wie alle Grübeleien – Grübeleien. Die Ursache, warum ich nicht blieb, war nicht mehr und nicht weniger, als daß mich verlangte nach Frau Rebecca und den Kindern, und, wenn Sie kein Kanonicus wären, so würde Ihnen das Ding ebenso klar und deutlich sein,

als es mir ist. Übrigens grüßt Euch selbst und die Eurigen viel-
mals von mir und H. Schmidt, den ich gesehen habe, und H. Fi-
scher, den ich nicht gesehen habe, und glaubt, daß ich in Euch
statt eines alten kümmerlichen Mannes, den ich zu finden meinte,
einen jungen frischen Mann sehr gerne gefunden habe, von dem
ich auch leben und gesundsein lernen kann. Addies, lieber Gleim,
lebt wohl, ich danke Euch für alles Liebes und Gutes, Frau Rebecca und die Kinder danken auch für Eure Geschenke, die ich
richtig und mit großer Festivität abgeliefert habe.«

Ein Jahr später besucht Gleim mit seiner Nichte für eine Woche
Hamburg und natürlich auch Wandsbek; Gelegenheit, die ange-
knüpfte Bekanntschaft zu vertiefen, denn beide verstehen sich
prächtig.

Die Familie hat sich inzwischen um ein weiteres Mitglied ver-
größert: Rebecca, am 15. Dezember 1784 geboren. Da ist es gut,
zumal Graf Schlabrendorfs Zuwendungen 1785 auslaufen, daß
sich der dänische Kronprinz bereit erklärt, Claudius jährlich mit
200 Talern zu unterstützen, als »Erkenntlichkeit für das Vergnügen, das auch ihm Asmus gewährt« habe. Da aber das Geld hinten und vorne nicht reicht, bittet Claudius in einem Brief Gleim,
ihm – wie einst Jacobi – Kinder zur Erziehung zu vermitteln.
Freilich »muß der Vater auch ein reicher Mann sein«, und es sollten – wie bei den Jacobis – möglichst gleich zwei sein, »und die
müssen mich denn nähren«. Und da er fürchtet, mißverstanden
zu werden, setzt er hinzu: »Verstehen Sie den Auftrag nicht unrecht, lieber Gleim, Sie sollen nicht auf Werbung ausgehen. Denn
es wird erst ein Vater erfordert, der Vertrauen zu mir habe, und
dem so viel als mir daran gelegen ist, und so etwas muß von selbst
kommen und gehen. Es ist nur, daß Sie Bescheid wissen, wenn
dergleichen vorkäme.«

Aber offenbar kommt dergleichen nicht vor, denn Claudius
bleibt ohne Erziehungsauftrag, vor allem aber muß Gleim sehr
deutlich seine Unzufriedenheit darüber geäußert haben, sich seine materielle Unabhängigkeit auf solche Weise sichern zu wollen,
denn Claudius schreibt ihm am 19. März 1787, nachdem er das
Eintreffen des traditionellen Jahres-Rehs bestätigt hat:

»Übrigens danken Frau und Mann für Büchlein und Reh und ich auch noch für Ihren Glückwunsch zu meiner Unabhängigkeit. Aber Ihre Philosophie, lieber Gleim, scheint nicht sehr konsequent zu sein, denn Sie haben mich im Dezember v. J. wegen eben dieser Unabhängigkeit väterlich und derbe angebrummt, als ich Ihnen ein Anliegen wegen eines etwaigen Zöglings anvertraut hatte. Ich habe wirklich großen Trieb unabhängig zu sein und zu bleiben, habe mich auch bisher so erhalten, nicht auf Rosen und ohne Mühe; und ich würde es auch, auf eben die Art vielleicht noch fernerhin tun können. Aber meine Kinder, deren nun Gottlob! acht beisammen sind [am 6. Dezember 1786 war Matthias Heinrich geboren worden], fangen an groß zu werden und, da ich niemand habe, sie zu unterrichten und zurechtzuweisen, so muß ich es selbst tun und in der Zeit, daß ich das tue, kann ich kein Brotgeschäft tun, und darum sollten ein oder zwei Zöglinge den Unterricht mitgenießen und meinen Kindern ihren Hofmeister [Hauslehrer] freihalten. Sehen Sie, lieber Gleim, so war mein damaliges Anliegen gemeint und ich sehe noch itzo nichts Unrechtes darin und es hätte doch auch einen wohlhabenden Vater geben können, der, wie ich mir und ihm zu dienen dachte, sich auch damit gedient geglaubt hätte. Ich kann nicht dafür, daß Sie sagten und glaubten, Sie sollten werben. Ich hatte ja ausdrücklich gebeten, Sie möchten es nicht tun, und die Sache war ja auch von Natur so, daß sie entweder von selbst gehen mußte oder garnicht gehen konnte. – Soviel davon, weil es mir vorgekommen ist, daß Sie die Sache nicht von der rechten Seite angesehen haben. Und nun leben Sie wohl und brummen Sie nicht wieder, ob Sie wohl als der alte Gleim etwas mehr frei haben als ein anderer.«

Damit spielt Claudius dezent auf den Umstand an, daß Gleim als Domherr (Kanonikus) eine finanziell einträgliche Stelle besitzt und im Gegensatz zu ihm weder Frau noch Kinder ernähren muß. Doch wie so oft in Claudius' Leben – wenn die Not zu groß zu werden droht, kommt Hilfe.

Am 10. Juli 1787 besucht der dänische Kronprinz Wandsbek. Seit drei Jahren ist der jetzt Neunzehnjährige der Mitregent seines gemütskranken Vaters Christian VII., und die Reise dient dem

Zweck, das von Dänemark regierte Schleswig-Holstein näher kennenzulernen. Für das kleine Wandsbek mit seinen knapp 500 Einwohnern ist das natürlich ein großes Ereignis, und es versteht sich von selbst, daß der junge Prinz mit einem Claudius-Gedicht begrüßt wird, worin es heißt:

> Bist uns willkommen inniglich!
> Wir kommen, klein und groß,
> Und schließen einen Kreis um Dich,
> Und lassen Dich nicht los;
>
> Und stehn mit treuer Lieb umher,
> Wir alle, Mann für Mann,
> Und wünschen unsre Herzen leer
> Für Dich, und sehn Dich an ...

Kronprinz Friedrich muß damals dem Dichter zu verstehen gegeben haben, er möge sich bei einem Wunsch zuerst an ihn wenden, denn darauf beruft sich Claudius in einem Brief, den er am 19. Oktober 1787 nach Kopenhagen schickt:

»Durchlauchtigster, Gnädigster Prinz,
ich habe mich bisher mit meiner Hände Arbeit genährt und mich nicht übel dabei befunden; aber acht Kinder, die doch halbwege erzogen und unterrichtet sein sollen, fangen an, mir meine Zeit zu nehmen und mir meine itzige Lebensart etwas beschwerlich zu machen. Ew. Königliche Hoheit haben ungebeten mich auf eine solche Art zu bemerken geruhet, daß ich, wenn ich etwas zu bitten habe, mich zuerst an Sie wenden würde, und wenn Sie auch nicht unser Kronprinz wären. Ich wünschte irgend eine Stelle in des Königs Lande und, wenn es sein könnte, im lieben Holstein. Gnädiger Prinz, ich bitte nicht um eine sehr einträgliche Stelle, sondern nur um eine, die mich nährt, und um so eine bitte ich mit aller Unbefangenheit eines Mannes, der Willens ist, das Brot, das ihm der König gibt, zu verdienen.
Wenn es mir auch erlaubt sein würde, so wüßte ich nicht zu sagen, wozu ich eigentlich geschickt bin, und ich muß Ew. Königl.

Hoheit untertänig bitten, daß Sie gnädigst geruhen, ein Machtwort zu sprechen und zu befehlen, wozu ich geschickt sein soll.
Ich ersterbe mit den Gesinnungen eines getreuen Untertan
Ew. Königl. Hoheit
untertäniger Matthias Claudius«

Der devote Ton ist damals üblich, und doch zeigt sich auch in einem solchen Bittgesuch das für Claudius Eigentümliche in der Formulierung, der König möge befehlen, »wozu ich geschickt bin«. Ist das Hilflosigkeit? Ja – wenn man es ganz unter bürgerlich-solidem Aspekt betrachtet, denn Claudius deutet an, daß er ja eigentlich nichts Rechtes gelernt habe, was besagt, keinen gesicherten Platz in der Gesellschaft hat finden können. Nein – wenn wir bedenken, mit welchem Mut er das Schicksal auf sich genommen hat, gegen alle Widerstände seine Unabhängigkeit zu behaupten. Der König möge ihm seine Fertigkeit befehlen, das ist beste Claudius-Ironie, ein wenig treuherzig und von Herzen ehrlich.

Es spricht für den noblen jungen Kronprinzen, daß er Wort hält. Schon mit Beginn des folgenden Jahres, im Alter von nunmehr siebenundvierzig Jahren, wird Claudius zum Revisor der Altonaer Spezies-Bank auf Lebenszeit ernannt, wofür er ein Jahresgehalt von 800 Talern bezieht und dafür nur viermal im Jahr in Altona die Bücher der Bank zu kontrollieren hat. Damit ist die Not behoben, auch wenn der Lebensstil weiterhin große Sparsamkeit verlangt, aber die ist man ja im Haus an der Lübschen Landstraße gewöhnt.

Matthias Claudius 1789, Bleistiftzeichnung von Friederike Leisching; der Vermerk links unten lautet: »Von diesem Bild hat Großmama gesagt, es sei noch das Einzige, bei dem sie einigermaßen sich seiner erinnern könne.« Das Wort »einigermaßen« ist unterstrichen. Dort findet sich auch der Name der Schreiberin dieser Zeilen: Demnach handelt es sich um Caroline Claudius, die Tochter des Dichters.

VI

Im Schatten der Revolution

»Uns ist und bleibt der Szepter viel!«

So glücklich das Jahr 1787 zu Ende gegangen ist, so bringt das folgende ein schweres Unglück über die Familie: Am 4. Juli stirbt der noch nicht ganz zweijährige Matthias Heinrich: »Ich dachte lange schon«, gestand Claudius später, »mein Glaube sei fest und stark; in der Stunde aber, in der ich meinen Matthias in den Sarg legte, da wollte Ergebung und Demut fast nicht halten; der Glaube ward hart geprüft; da erst lernte ich verstehen, was es mit dem Menschenleben auf Erden auf sich hat. Was vorherging, war nur Kinderspiel!«

Als müsse er nun beweisen, daß er in seinem neuen Amt »geschickt« sei, veröffentlicht er eine Broschüre betreffend die Einführung der Speziesmünze in den Herzogtümern Schleswig und Holstein. Er kleidet sie in die Form eines Briefes, den der Küster Christen Ahrendt an seinen Pastor schreibt, eine volkstümliche Aufklärung, diese Währungsreform betreffend, die offenbar unter der Bevölkerung Unruhe auslöst. Nein, die schönen neuen silbernen Speziestaler sind gutes Geld, und niemand verliert dabei.

Weitaus schwerer aber fällt es Claudius, in einem Briefwechsel zwischen dem Küster Ahrendt und dem Verwalter Olufsen zu erklären, warum der dänische Untertan plötzlich eine zusätzliche Kriegssteuer zahlen soll, nur weil sich Dänemark als Verbündeter Rußlands genötigt sieht, sich an einem Krieg gegen die Türkei zu beteiligen. Diese Steuer zu rechtfertigen muß dem friedliebenden Claudius recht sauer geworden sein, das merkt man der Argumentation an, denn auf den Hinweis »69 Jahr haben wir Frieden gehabt, und in der schönen Zeit hat nicht einmal Geld genug ge-sammlet werden können, um eine einzige Kampagne zu bezah-len?« weiß der loyale Küster keine Antwort. Doch als der Verwal-ter schreibt: »Wäre ich nicht ein alter Knabe, der hier ziemlich fest sitzt, so suchte ich morgenden Tages anderswo unterzukom-men, wo der Staat nicht so oft krank würde« – da wehrt der Küs-ter entschieden ab:

»Daß wir nicht in einem Paradiese leben, kann wohl sein, aber der Herr Verwalter kann auch sicherlich glauben, daß, wenn Er ganz Europa, von Lissabon bis an die sibirische Grenze durch-wanderte, es ihm nirgend reüssieren werde ein Paradies zu finden. Alles in der Welt ist unvollkommen. Das ist eine so gemeine Wahrheit, daß kein Mensch daran zweifelt, und doch muß man sie immer wiederholen, wenn man den Menschen begreiflich ma-chen will, daß sie ihre Prätensionen [Ansprüche] nicht zu hoch aufschrauben müssen. Wenn man dagegen Prätensionen an sie macht, so wissen sie recht gut sich dahinter zu verstecken. Jeder Staat hat seine Unannehmlichkeiten und seine Annehmlichkei-ten, und erst, wenn man diese in mehreren Staaten gegeneinander abgewogen hat, kann man beurteilen inwieweit ein Staat glückli-cher sei als ein anderer. Wenn der Herr Verwalter glaubt, daß in keinem Lande die Gebrechen sind, worüber Er klagt, so irrt Er sich gewiß. Frage Er einmal nach was für eine Kriegssteuer im Österreichischen bezahlt werden muß, und wie da die Leute de-nen es nicht mehr einfiel, daß sie Soldaten werden könnten, von Weib und Kind hinweg, und gegen den Türken ziehen müssen. Frage Er einmal nach was die letzten Kriege in England, Frank-reich und Holland gekostet, und welche Folgen sie für einen gro-ßen Teil der Untertanen, besonders in den beiden letztern Län-dern gehabt haben. Und, weil die menschliche Glückseligkeit nicht im Gelde allein besteht, so frage Er dann wieder in andern Ländern, wie es mit der bürgerlichen Freiheit da beschaffen sei; ob etwas geschehe die Menschen klüger zu machen usw. Wenn Er alles dies untersucht, so wird Er gar bald finden, daß es nirgends an großen Unannehmlichkeiten fehlt, welches einen guten Einfluß auf Seine Toleranz haben könnte.

Ich habe gehört, daß alle guten Leute, die davon urteilen können, einig darüber sind, daß diejenigen, welche jetzo an der Spitze unsrer Regierung stehen, von ganzem Herzen das Gute wollen, und tätig sind es zu befördern. Davon liegen auch die Früchte klar am Tage, und wir haben ja selbst oft darüber gesprochen, welche herrliche Folgen davon zu erwarten sind, daß man bemüht ist auch dem gemeinsten Mann seine verlornen Menschenrechte wiederzugeben, und ihn in den Stand zu setzen, daß er nicht mehr ein Werkzeug in fremder Hand zu sein braucht, sondern ein Wesen für sich sein kann.«

Man hat diese Broschüre und ihre Argumentation als »Regierungspropaganda« bezeichnet, was sie zum Teil ja auch ist, aber dabei ist doch auch zu bedenken, daß solche Sätze wie die hier angeführten Claudius durchaus aus dem Herzen gekommen sind. In der Tat hat man um diese Zeit wohl nirgends freier leben können als unter der dänischen Krone, die früher als andere die Leibeigenschaft der Bauern aufhob und Pressefreiheit gab. Der Hinweis von Claudius auf die »verlornen Menschenrechte« kommt 1789 zur richtigen Zeit.

Denn am 14. Juli 1789 ist in Paris eine Revolution ausgebrochen, die Europa noch nachhaltig erschüttern wird. Adel und Klerus verlieren in Frankreich endlich ihre bisherigen Vorrechte (zum Beispiel die Steuerfreiheit), die Nationalversammlung verkündet die »Erklärung der Menschen- und Bürgerrechte« und eine Verfassung, aus der absoluten wird die konstitutionelle Monarchie und 1792 die Republik.

Die Mehrzahl der deutschen Schriftsteller begrüßt die Revolution, allen voran Klopstock. Er feiert sie in begeisterten Oden, und am 14. Juli 1790 findet in Hamburg ein großes Fest zum Jahrestag des Revolutionsbeginns statt, das Georg Heinrich Sieveking, einer der reichsten Kaufleute der Stadt, veranstaltet. Denn auch die Mehrheit der Bürger und der Kaufmannschaft begrüßt die Ideen der Revolution und wünscht sie sich für Deutschland. Erst als die revolutionäre Regierung Frankreichs beginnt, diese

Ideen nicht durch Überzeugung, sondern mittels Terror und Massenmord den Menschen aufzuzwingen, wenden sich Klopstock und die meisten, die ihm gefolgt waren, angewidert ab. Nicht er, so versichert der alte Dichter, habe sich von der Revolution losgesagt, die Revolution selbst habe ihre großen Ideen verraten und sie mit dem Blut unschuldig Hingerichteter besudelt.

Claudius hat öffentlich sehr spät Stellung bezogen, aber ein Freund der Revolution, wie anfangs Klopstock es war, ist er nie gewesen, im Gegenteil, er verabscheut sie aus ganzem Herzen und hält sie für ein entsetzliches Unglück. Und darin sind Goethe und Claudius ausnahmsweise einmal einer Meinung. Goethe setzt auf Evolution, auf eine langsame, natürliche Veränderung der Dinge, nicht auf gewaltsamen Umsturz. Wohl sieht auch er soziale Ungerechtigkeiten, aber er meint, die notwendigen Reformen müßten stets von einsichtigen, vernünftig und weise regierenden Fürsten kommen. Claudius hingegen verwirft jegliche Revolution. Weil für ihn der christliche Glaube das Leben des einzelnen und der Gesellschaft bestimmen soll und das Christentum lehrt, alle Obrigkeit sei von Gott eingesetzt, will er dem Menschen nicht zugestehen, dem Fürsten die von Gott verliehene Macht zu beschneiden, geschweige einen Fürsten gar abzusetzen und hinzurichten, wie es die Franzosen mit ihrem König gemacht haben.

Als 1790 der fünfte *Asmus*-Band auf den Markt kommt, bezieht der inzwischen fünfzigjährige Claudius deutlicher als bisher Position, auch wenn das Faktum der Revolution unmittelbar nicht mit einem Wort erwähnt wird. Schon der erste Prosabeitrag heißt *Über die Unsterblichkeit der Seele* und ist an einen ungenannten König gerichtet, wohl an den dänischen Kronprinzen. Für Claudius ist es ausgemacht, daß der edle, der moralisch empfindende Mensch den Drang nach Unsterblichkeit fühlt und sich selber unsterblich weiß, da sein ganzes Sinnen und Trachten geistigen Zielen dient:

»Eine sinnliche Bewegung durch die andre überwinden heißt nur: ein Laster gegen ein anderes verwechseln. Es muß denn bei dem Tugendhaften anders gestaltet sein. Zwar sein Herz ist tief, und es kostet viel ihm auf den Grund zu kommen. Das aber läßt sich bei einigem Nachsinnen absehen, daß seine Bewegungsgründe nicht in dieser Welt zu Hause sein können, daß er nach Gesetzen handelt, die aus einer andern Ordnung und unveränderlich sind. Diese Gesetze sind notwendig für uns andre Menschen auch da. Aber wir hören und sehen sie nicht, oder sehen sie höchstens als sähen wir sie nicht; der Tugendhafte aber höret ihre Stimme, und hält sich an den er nicht siehet als sähe er ihn. Er ist also in Verbindung mit der unsichtbaren Welt. Der Himmel neiget sich zu dem edlen Sieger herab, und die Bahn zum Unendlichen fängt für ihn an zu brechen.

Und so gerieren sich auch dergleichen Menschen. So lebte Sokrates. [...] Und so starb er. [...] Es ist nicht, als sähe man einen Menschen sterben; man glaubt einen Unsterblichen zu sehen, einen Freund und Vertrauten des Himmels und der Götter, der zu den Wohnungen des Friedens heimkehret, und nur an der Schwelle den Staub abschüttelt, der sich auf ihn gesetzt hatte.«

Und die Betrachtung endet: »Sire, wir sind unsterblich! Ich stehe hier mit Stolz neben Dir, daß wir Brüder und gleich sind! Aber ich sehe desto demütiger Deine Krone an, da Dich Gott über so große Wesen gesetzt hat, natürlich nicht sie zu mißhandeln und quälen, sondern sie zu lieben, und für ihre kleine und große Glückseligkeit zu sorgen.«

Und gleichsam als Ergänzung stellt Claudius seine eigens für diesen Band geschriebene Übersetzung von Platons Verteidigungsrede des Sokrates dazu. Sokrates, ungerecht zum Tode verurteilt, blieb im Gefängnis, obwohl er die Möglichkeit gehabt hätte, zu fliehen; er verzichtete auf die Flucht – aus Achtung vor den Gesetzen, die, wie Claudius sagt, »aus einer andern Ordnung und unveränderlich sind«. Das ist ein deutlicher Hinweis auf die Französische Revolution, die, wie es Claudius versteht, diese unveränderlichen Gesetze mißachtet, wozu er natürlich auch das Königtum zählt.

Ansonsten sind in dem neuen Asmus wieder Gedichte abgedruckt, eine Besprechung von Friedrich Heinrich Jacobis Buch *Über die Lehre des Spinoza in Briefen an den Herrn Moses Mendelssohn.*

Und ein *Gespräch, die Freiheit betreffend* fragt nach der Freiheit unter den Gesetzen und meint die innere Freiheit des Menschen. Auch diese Beiträge reagieren indirekt auf die Französische Revolution.

Unmittelbar aber bezieht er sich auf sie in einer 1794 veröffentlichten Broschüre *Über die neue Politik*. Darin vertritt er die Überzeugung, daß der Mensch seit den ältesten Zeiten das Königtum als göttlich begründet angesehen habe:

»Die ältesten Könige aller alten Völker waren Götter oder Halbgötter, die Söhne der Sonne und der Sterne; und uns andern werden noch die Könige und Regenten von Gott gegeben. Die Völker bedurften denn bisher, um regiert zu werden, Gottes und eines Regenten. Itzo bedarf der Mensch weder des einen noch des andern; er kann alles selbst tun und ausrichten. Diese Veränderung im Menschen ist groß und unbegreiflich! Und sie ist bewürkt worden? Durch die Entdeckung der Menschenrechte.« Es ehrt Claudius, daß er die Deklaration der Menschenrechte durch die französische Nationalversammlung vollständig abdruckt. Er will aber seinen Lesern nur »dies schöne Schaugericht glänzender Wahrheiten und Worte« vorstellen, denn die Forderung nach den Rechten der Bürger, die übrigens seit dieser denkwürdigen Deklaration heute in allen demokratischen Staaten als selbstverständlich angesehen werden, teilt er nicht. Der Monarch, so versteht es Claudius, soll nur Gott und dem von ihm gegebenen Auftrag verpflichtet sein: »Wenn ein König in seiner Herrlichkeit mitten unter seinem Volk auf seinem Thron sitzet; so sitzet er da: um, außer dem Glück der Erde, auch das Glück des Himmels zu spenden; so sitzt er da: um, als ein heiliger Künstler, durch lauter wohltätige, lauter milde und edle, lauter große und gute Handlungen GOTT zu konterfeien, und die Menschen nach IHM hungrig und durstig zu machen.«

Das ist ehrenwert und christlich gedacht, hat aber mit der politischen und sozialen Realität nicht das mindeste zu tun. Denn was nützen alle Appelle an die Fürsten, sich ihrer von Gott bestimmten Aufgabe zu erinnern, wenn diese sich nicht daran erinnern lassen? In Württemberg hat der Herzog 1777 den ihm mißliebigen Schriftsteller und Journalisten Christian Friedrich Daniel

Schubart ohne Gerichtsverfahren für zehn Jahre unter unmenschlichen Bedingungen einkerkern lassen; als Schubart 1787 dank
der »Gnade« des Herzogs wieder freikommt, ist er ein seelisch
und körperlich zerstörter Mann, der vier Jahre später stirbt, erst
zweiundfünfzig Jahre alt.

In Württemberg, Hessen und anderen deutschen Staaten verkaufen oder vermieten die Fürsten ihre gehorsamen Untertanen
an die Engländer zur Niederschlagung des amerikanischen Un-
abhängigkeitskampfes. Nicht einer dieser Zwangsrekrutierten
wird gefragt, ob er das will. In Frankreich müssen vor der Revolution einige zehntausend Bauern buchstäblich verhungern, weil
der König die Mißwirtschaft im eigenen Land nicht steuern kann;
es interessiert ihn nicht einmal. Dafür genießen Adel und Klerus,
die in Frankreich nur drei Prozent der Bevölkerung ausmachen,
besondere Vorrechte, wozu gehört, daß die zumeist enormen
Einkünfte des Adels (die er in erster Linie der Arbeit »seiner«
Bauern verdankt) nicht besteuert werden. Gewiß sind für einen
Christen vor Gott alle Menschen gleich, aber vor dem König o-
der vor den Gerichten sind sie es keineswegs.

Natürlich weiß das Claudius sehr wohl, aber er sieht darin eher
bedauerliche Mißgriffe, die hingenommen werden müssen, weil
das höhere Prinzip nicht in Frage gestellt werden darf, und eine
solche Haltung fällt im milde und fast liberal regierten Dänemark
leichter als anderswo. Claudius sieht und begreift nicht, daß
schon längst das Selbstbewußtsein des Bürgertums erwacht ist
und auf politische Mitbestimmung dringt. So unbestreitbar die
furchtbaren Verbrechen und Schandtaten der Revolution auch
gewesen sind, von denen sich Klopstock so entsetzt distanzierte
– die hier freigesetzten Ideen haben das europäische Bürgertum
in seiner Entwicklung bis in unsere Tage nachhaltig geprägt.

Zu den uns heute selbstverständlichen Grundrechten zählt
auch die Meinungs- und Pressefreiheit. Claudius hält davon gar
nichts, ja er sieht in der Pressefreiheit, die in Dänemark schon
1770 garantiert wurde und somit weit früher als in den anderen
Staaten, eine vor allem mißbrauchte Freiheit. Dabei hatten
Deutschlands stets bevormundete Schriftsteller gerade für sie be-

sonders gekämpft. Man begreift daher die Empörung, als sie am 3. Oktober 1795 in der *Hamburgischen Neuen Zeitung* diese Reime von Claudius lesen:

Eine Fabel

Vor etwa achtzig, neunzig Jahren,
   Vielleicht sind's hundert oder mehr,
   Als alle Tiere hin und her
Noch hochgelahrt und aufgekläret waren,
   Wie jetzt die Menschen ohngefähr;
   – Sie schrieben und *lektürten* sehr,
Die Widder waren die *Skribenten,*
Die andern: *Leser* und *Studenten,*
   Und *Zensor* war: der Brummelbär. –

   Da kam man supplicando ein:
»Es sei unschicklich und sei klein,
Um seine Worte und Gedanken
Erst mit dem Brummelbär zu zanken,
   Gedanken müßten zollfrei sein!«
   Der Löwe sperrt den Bären ein,
Und tat den Spruch: »Die edle Schreiberei
Sei künftig völlig frank und frei!«

   Der schöne Spruch war kaum gesprochen,
   So war auch Deich und Damm gebrochen.
Die klügern Widder schwiegen still,
Laut aber wurden Frosch und Krokodil,
Seekälber, Skorpione, Füchse,
Kreuzspinnen, Paviane, Lüchse,
Kauz, Natter, Fledermaus und Star,
Und Esel mit dem langen Ohr etc. etc.
Die schrieben alle nun, und lieferten Traktate:
Vom Zipperlein und von dem Staate,
Vom Luftballon und vom Altar,
Und wußten's alles auf ein Haar,
Bewiesen's alle sonnenklar,

Und rührten durcheinander gar,
Daß es ein Brei und Greuel war.

Der Löwe ging mit sich zu Rate
 Und schüttelte den Kopf und sprach:
»Die besseren Gedanken kommen nach;
Ich rechnete, aus angestammtem Triebe,
Auf Edelsinn und Wahrheitliebe –
Sie waren es nicht wert die Sudler, klein und groß;
Macht doch den Bären wieder los!

Die Entrüstung über dieses Plädoyer für Zensur ist allgemein groß. Der Amtmann von Plön und Kammerherr August von Hennings antwortet darauf bissig mit einer Gegenfabel, in der er Claudius mit einem Pavian vergleicht:

»Einem alten genialischen Pavian, der durch seine Schnurren Hof und Land eine Zeitlang mit ziemlichem Glücke belustigt hatte, tat es wehe zu bemerken, daß sein altes Publikum des erzwungenen Hokuspokus müde, Geschmack an ernsthaften Gegenständen gewinne. Er wollte es auch hierin versuchen; aber sein Ernst war, als er sich zum Disputieren anschickte, noch ungenießbarer, als seine vorherigen Puerilitäten, und das mitleidige Achselzucken des ganzen Tierreichs, zeigte es ihm genugsam an, daß er nun zum Stillschweigen verdammt sei. – Darob ergrimmete der Pavian, und trug nun schamlos in einer Reichszeitung auf einen Zensor *Brummelbär* an, der dem ungebührlichen Räsonieren Einhalt tun, und seine, des Pavians, Späße wo möglich in Aufnahme bringen möge. Die Sache kam bei Hofe zur Sprache. Ein alter weiser Elefant – sein Name wird noch lange mit Ehrfurcht in unsern Chroniken genannt werden – hatte den edlen Mut, diesem Antrage, der vom ganzen Affengeschlechte – auch die Tiger stimmten dafür – unterstützt wurde, mit Eifer zu widersprechen. Er setzte das Unkluge der vorgefallenen Maßregel mit so vielen und starken Gründen auseinander, daß der Löwe ein für allemal beschloß – er wird sich wohl dabei befinden – die possierlichen Einfälle und die hämischen Winke eines erbitterten Pavians, für das zu halten, was sie sind, für verächtliche Possen.«

Nun, das ist deutlich und zeigt, wie Claudius inzwischen einge-
schätzt wird, nämlich als ein nicht ganz ernst zu nehmender
Schriftsteller, dessen Werk als »erzwungener Hokuspokus« allen-
falls die Leute »belustigt« habe, kindische Albernheiten (»Puerilitäten« ist schon ein starkes Wort), die nur noch ungenießbarer
seien, wenn sie mit ernsthaftem Anspruch vorgetragen würden.
Keine Frage, daß Claudius' Ingrimm über die Revolution den Ingrimm seiner Gegner mitbewirkt hat.

Aber auch die alten Freunde verstehen ihren Matthias nicht
mehr. Herder und Boie rücken von ihm ab, Voß, von Jacobi er-
muntert, reagiert scharf mit einem Gegengedicht, das Claudius
als Oberuhu verspottet, und aus Weimar, wo gerade Goethe und
Schiller gemeinsam in ihrer Sammlung *Xenien* Gegner aufs Korn
nehmen, bekommt auch Claudius eins ausgewischt. Der reagiert
darauf mit Angriffen, die eher dürftig zu nennen sind; Polemiken
sind nicht seine Sache, da gibt er stets eine unglückliche Figur ab.
Immer mehr sieht man in Deutschland den Boten in einen religiösen Obskurantismus abgleiten, deutet ihn sich als einen mys-
tisch verschwiemelten Dunkelmann. Und muß man das nicht,
wenn sich einer mit der Fürstin Gallitzin befreundet oder immer
heimischer wird im Emkendorfer Kreis?

Die Fürstin Gallitzin, eine geborene preußische Protestantin,
war zum Katholizismus übergetreten und hatte durch ihren un-
konventionellen Lebensstil einiges Aufsehen erregt. Mit Claudius, den sie erstmals 1791 in Wandsbek besucht (weitere Visiten
sollten folgen), verbindet sie ein schwärmerisch-mystisches Christentum jenseits der Konfessionen. Und ähnlich schwärmerisch
geht es auch in Emkendorf zu, dem schönen Besitz der Revent-
lows. Julia von Reventlow, Tochter des Schatzmeisters Schimmelmann, ist Claudius seit langem bekannt. Sie lädt ihn nach Emkendorf ein (dort erwartet ihn als Wohnung ein eigenes Häus-
chen), wo sich ein etwas frömmelnder Kreis trifft, den neben
dem Glauben eine erzkonservative Einstellung und tiefer Ab-
scheu vor allem, was nur nach Französischer Revolution riecht,
verbindet.

Amalie Fürstin Gallitzin

Gelegentlich kommt auch der alte Klopstock hierher, doch seit er sich zu revolutionären Ideen bekennt, hat seine moralische Autorität einen nicht wiedergutzumachenden Schaden erlitten; als Dichter aber wird er weiterhin verehrt. Zu gern hätten die Emkendorfer auch Goethe dabei gehabt, doch diesem dezidierten Heiden behagt der fromme Geruch nicht. Als dann 1796 sein Roman *Wilhelm Meisters Lehrjahre* erscheint, sind die prüden Emkendorfer darüber sittlich entrüstet und wahrscheinlich auch glücklich, daß Goethe nie hatte kommen wollen. »Ach, dieser Goethe«, schreibt Julia von Reventlow, »wie so bettelarm ist er nun geworden und wohin wird er sich endlich flüchten? Denn ob ihm noch etwas im Busen schlägt, das weiß ich nicht. Herzlich freut es mich, daß Claudius wieder tüchtig gepfeffert!«

Allerdings schmeckt dieses Gewürz doch reichlich schal. Im *Musenalmanach 1797* hatte Claudius dies gegen Goethe »gepfeffert«:

Der Schriftsteller und der Mensch

Er schrieb. Sie beteten den jungen Schreiber an –
Und es war um den Menschen getan!

Oh, hättest du den Götzen nicht geschrieben;
So wären deine Götter in dir geblieben.

Wahrscheinlich hat sich Claudius auf das Wortspiel mit »Götzen«
(Goethes *Götz von Berlichingen)* und »Götter« einiges zugute gehalten, aber der Ingrimm darüber, von Goethe nicht für voll genommen zu werden, sitzt tief. Der in Weimar weiß – anders als er
selbst – nicht den wahren Weg und

Will lieber darben Tag und Nacht,
Und lieber irregehn, und, wie die Henne, kratzen
In Sand und Spreu, und treibt sich ewig um
In Kunstgespinst und genialischen Fratzen,
Und schwatzt, und hört nicht auf zu schwatzen.

In einem Brief an Goethe spottet Schiller über des »Wandsbecker
Boten klägliche Verse«, die für Goethe viel zu belanglos sind, als
daß er darauf erwidern müßte. Hatte er doch schon zehn Jahre
zuvor in einem Brief an Herder über Claudius befunden, er sei
»ein Narr, der voller Einfaltsprätensionen steckt«, was nichts anderes meint, als daß seine Schlichtheit und populärer Stil nur gekünstelt und nicht echt seien. Ärger kann man Claudius kaum
mißverstehen, aber hatte der denn seinerseits überhaupt etwas
von Goethe begriffen?

Nach einem Besuch in Wandsbek schreibt Karl Leonhard Reinhold, Professor für Philosophie an der Universität Kiel, Schwiegersohn Wielands und übrigens auch zu den Emkendorfern ge-
hörend: »Claudius schien mir in seiner Herzlichkeit und Natür-
lichkeit etwas rauher, eckiger, intoleranter, als es sich mit den Ansprüchen verträgt, von denen ich für einen künftigen Freund
nichts nachlassen kann. Er sagte über die französische Revolution, über Philosophie und Religion – viel Unsinniges, das man
ihm nur dann leichter vergeben könnte, wenn er es mit weniger
Anmaßung und mehr Grazie zu sagen vermöchte [...]. Ich ließ
mich von seiner Intoleranz nicht anstecken, wurde ihm gut und
glaube, daß er mir auch weniger gram geworden ist, als er es vorher dem Vernünftler gewesen sein mag.«

Und der Dichter Friedrich von Matthisson, bislang ein Verehrer des Boten, bemerkt in seinem Tagebuch: »Das Gerücht von Claudius' Tode war falsch – indes geht sein Ruhm zu Grabe. Er ist jetzt der wütendste Aristokrat und sagt, es sei heilige Pflicht jedes Deutschen, hinzugehen und alle Franzosen totzuschlagen, macht Gedichte voll der kriechendsten Schmeichelei, unter anderm ein Wiegenlied für die Kronprinzessin, behauptet, man müsse auch der schlechtesten Obrigkeit blindlings folgen u. d. m. Man sagt hier allgemein, er sei vom Kronprinzen bestochen, welches denn doch aber wohl falsch ist.«

Ja, das ist gewiß falsch. Denn wenn auch Claudius eine tiefe Dankbarkeit gegenüber dem Kronprinzen empfindet, so ist es doch vor allem sein lutherisches Verständnis von der von Gott eingesetzten Obrigkeit, das ihn so denken und schreiben läßt. Mit Bestechlichkeit hat das nichts zu tun. Und es heißt ein Gedicht völlig mißdeuten, wenn man ausgerechnet das *Wiegenlied für die neugeborne Prinzessin von Dänemark* (abgedruckt am 30. November 1792 in der *Hamburgischen Neuen Zeitung*) als »kriechendste Schmeichelei« verunglimpft. Von den einundzwanzig Strophen, in denen er wieder davon spricht, wie alles Königtum Gott verpflichtet und ihm Rechenschaft schuldig ist, seien hier nur die letzten fünf zitiert:

> Menschenwill und -werk vergehet,
>   Wie die Wahrheit spricht;
> Was, mit Gott geeinigt, stehet,
>   Das vergehet nicht;
>
> Kann nicht überwunden werden
>   Und muß ewig stehn –
> Und Sein Wille wird auf Erden,
>   Wie daheim, geschehn;
>
> Und wird aus der Tat erhellen,
>   Wenn es rauscht und rinnt,
> Und des Himmels alte Quellen
>   Wieder offen sind:

Daß der Mensch nicht bloß hier lebe
Für den Dunkelblick,
Und es beßre Weisheit gebe,
Und ein besser Glück;

Und daß Liebe selig mache;
Gottes Furcht und Scheu
Ewiglich die große Sache
Aller Menschen sei.

Nein, Schmeichelei ist das nicht, aber ich räume gern ein, daß es schwierig gewesen sein muß, Claudius in seinen Gedankengängen zu folgen. Man muß es auch nicht und sollte nicht versuchen, ihn in seinem Starrsinn zu rechtfertigen, aber wenn man seine politischen Ansichten verstehen will, müssen wir seine Gedankenwelt verstehen lernen. Staat und Bürger treiben Menschenwerk und sind dabei täglich fehlbar und Irrtümern unterworfen. Den Gottesstaat kann es auf Erden nicht geben. Das aber wollte Claudius nicht einsehen.

Elisa von der Recke hat in ihrem Tagebuch aus jener Zeit mehrfach Begegnungen mit Claudius festgehalten. »Die religiösen Ideen«, notiert sie am 14. November 1793, »die bei Claudius mit so manchen Schwärmereien verwebt sind, genieren die Unterhaltung mit ihm. Seine Lieblingsideen springen bei allem, was er sagt, hervor, und er ist so fromm und gut, daß es bitteres Unrecht wäre, ihn durch Widerspruch zu betrüben.«

Über einen Besuch in Wandsbek fünf Tage später: »Das häusliche Glück und die einfache Lebensart bei diesem gutmütigen Manne tut mir gerade so wohl, als so manche religiöse, an Aberglauben grenzende Äußerung mir wehe tut.« Am 25. November: »Die muntere Laune, der einfache, doch witzreiche Ton des biederen Claudius ist höchst interessant. Im ganzen ist der Mann eine seltene moralische Erscheinung. Er hat so viele interessante Seiten des Verstandes, denkt über so viele Dinge hell, und dennoch ist er so fest im alten orthodoxen Glauben, daß er sich fast bis zur Mystik hinneigt, und auf diesem Punkt höchst untolerant wird und den, der nicht an den Buchstaben der Bibel glaubt, für einen bösen Menschen hält und dessen Umgang meidet.«

In einer Zeit der Umwandlung aller Werte und deren Neubestimmung ist es eben dieses unwandelbare Festhalten am Buchstaben der Verkündigung, das Claudius einen unverrückbaren Halt gibt, und seine Intoleranz ist die Frucht dieser Unsicherheit, so muß man es wohl sehen.

Das Familienglück: Am 19. Juli 1792 wird Ernst und am 30. Dezember 1794 Franz, das letzte Kind, geboren. Die Einkünfte erlauben es sogar, daß sich Matthias und Rebecca 1793, 1794, 1795 und 1796 eine Brunnen- und Badekur in Bad Pyrmont leisten können, von der sie jedesmal gestärkt zurückkommen. Doch dann geschieht etwas, was die Familie in Trauer und Verzweiflung stürzt: Am 2. Juli 1796 erliegt die zwanzigjährige Christiane nach elftägiger Krankheit dem Typhus. Acht Monate später schreibt Claudius an Johann Martin Miller: »Wir haben vorigen Sommer eine Tochter von 20 Jahren verloren und können diesen Verlust noch nicht verschmerzen. Sie war uns sehr lieb und wir freuen uns darauf, sie wiederzusehen.«

Christiane Claudius,
Gemälde von Friederike Leisching, um 1797

Das klingt sehr gefaßt, aber wie tief Claudius von diesem Sterben getroffen worden ist, läßt sich ahnen, wenn man die beiden Gedichte liest, die er seinem Kind widmet:

Es stand ein Sternlein am Himmel,
  Ein Sternlein guter Art;
Das tät so lieblich scheinen,
  So lieblich und so zart!

Ich wußte seine Stelle
  Am Himmel, wo es stand;
Trat abends vor die Schwelle,
  Und suchte, bis ich's fand;

Und blieb denn lange stehen,
  Hatt große Freud in mir:
Das Sternlein anzusehen;
  Und dankte Gott dafür.

Das Sternlein ist verschwunden;
  Ich suche hin und her
Wo ich es sonst gefunden,
  Und find es nun nicht mehr.

Vier Jahre nach Christianes Tod veröffentlicht Claudius in einem Almanach das Gedicht *Bei ihrem Grabe*:

Diese Leiche hüte Gott!
  Wir vertrauen sie der Erde,
Daß sie hier von aller Not
  Ruh, und wieder Erde werde.

Da liegt sie, die Augen zu
  Unterm Kranz, im Sterbekleide! ...
Lieg und schlaf in Frieden du;
  Unsre Lieb und unsre Freude!

Gras und Blumen gehn herfür,
  Alle Samenkörner treiben,

Treiben – und sie wird auch hier
In der Gruft nicht immer bleiben.

Ausgesät nur, ausgesät
Wurden alle die, die starben;
Wind- und Regenzeit vergeht,
Und es kommt ein Tag der Garben.

Alle Mängel abgetan
Wird sie denn in bessern Kränzen
Still einhergehn, und fortan
Unverweslich sein und glänzen.

Es hat lange gebraucht, bis er die alte fromme Zuversicht wieder-
gefunden hat, aber das Bild, das sich ihm nun vom Tod einstellt,
ist nicht mehr das alte. Kein Freund Hain, am wenigsten ein lä-
chelnder, auch nicht jener, der dem Mädchen verspricht, »sollst
sanft in meinen Armen schlafen«. Jetzt ist es vielmehr der große
schwarze Todesengel, der düster zum letzten Stundenschlag aus-
holt:

Der Tod

Ach, es ist so dunkel in der Todes Kammer,
Tönt so traurig, wenn er sich bewegt
Und nun aufhebt seinen schweren Hammer
Und die Stunde schlägt.

Am 15. März 1797 feiern Matthias und Rebecca ihre silberne
Hochzeit. »Ich plauderte noch gerne etwas länger mit Ihnen«,
schreibt er an Miller in Ulm, »aber ich feiere heute meine silberne
Hochzeit, und da gibt es allerhand zu tun. Meine Frau Rebecca
ist von den vielen Kindern schwach und brüchig geworden, sonst
aber noch die alte liebenswürdige Rebecca.« Unter den Gästen ist
auch Klopstock, Trauzeuge vor einem Vierteljahrhundert. Und
Claudius widmet seiner Frau an diesem Tage ein Gedicht, eine
Liebeserklärung nach fünfundzwanzig Jahren:

120

Ich habe Dich geliebet und ich will Dich lieben,
   Solang Du goldner Engel bist;
In diesem wüsten Lande hier, und drüben
   Im Lande wo es besser ist.

Ich will nicht von Dir sagen, will nicht von Dir singen;
   Was soll uns Loblied und Gedicht?
Doch muß ich heut der Wahrheit Zeugnis bringen,
   Denn unerkenntlich bin ich nicht.

Ich danke dir mein Wohl, mein Glück in diesem Leben.
   Ich war wohl klug, daß ich Dich fand;
Doch ich fand nicht. GOTT hat Dich mir gegeben;
   So segnet keine andre Hand.

Sein Tun ist je und je großmütig und verborgen;
   Und darum hoff ich, fromm und blind,
Er werde auch für unsre Kinder sorgen,
   Die unser Schatz und Reichtum sind.

Und werde sie regieren, werde für sie wachen,
   Sie an sich halten Tag und Nacht,
Daß sie wert werden, und auch glücklich machen,
   Wie ihre Mutter glücklich macht.

Uns hat gewogt die Freude, wie es wogt und flutet
   Im Meer, so weit und breit und hoch! –
Doch, manchmal auch hat uns das Herz geblutet,
   Geblutet ... Ach, und blutet noch.

Es gibt in dieser Welt nicht lauter gute Tage,
   Wir kommen hier zu leiden her;
Und jeder Mensch hat seine eigne Plage,
   Und noch sein heimlich Creve-coeur.[1]

Heut aber schlag ich aus dem Sinn mir alles Trübe,
   Vergesse allen meinen Schmerz;
Und drücke *fröhlich* Dich, mit voller Liebe,
   Vor Gottes Antlitz an mein Herz.

[1] Crève-cœur: (frz.) Herzeleid.

Rebecca und Matthias Claudius zur Zeit ihrer Silbernen Hochzeit,
Gemälde von Friederike Leisching

Die ersten Kinder verlassen nun das Haus an der Lübschen
Landstraße: Caroline heiratet am 2. August 1797 den Hamburger
Buchhändler und Verleger Friedrich Perthes und Anna am 16.
Mai 1798 den Arzt Max Jacobi (den Sohn von Friedrich), der sich
in Vaels bei Aachen niederläßt.

Claudius hat seine Töchter nur höchst ungern ziehen lassen;
wahrscheinlich hätte er, der Familienvater von Beruf und Berufung, die ganze Sippschaft am liebsten sein Leben lang um sich
gehabt, aber natürlich weiß er, daß es nun einmal anders nicht
sein kann. Und wenn man es recht betrachtet, so ist doch auch
Gewinn dabei in Gestalt zweier tüchtiger Schwiegersöhne (von
denen Perthes auch sein künftiger Verleger sein wird), von Enkeln – Agnes Perthes, das erste Enkelkind, kommt am 28. Mai
1798 zur Welt – und einem regen Briefwechsel mit den beiden
Töchtern, vor allem mit Anna, die doch so sehr weit von Wandsbek lebt. »Ein guter Schwiegersohn«, so wird er zwei Jahre später
zufrieden an Friedrich Stolberg schreiben, »ist ein Geschenk und
Gabe des Himmels.«

Der sechste Band des *Asmus* erscheint 1798. Er wird eröffnet
mit dem schon früher gedruckten Aufsatz *Über die neue Politik,*

dessen Aufnahme in den Band Claudius mit der Bemerkung rechtfertigt, »unsre brausende und übertreibende Schriftsteller am Ärmel zu zupfen, und rechtliche und loyale Gesinnungen zu befördern«. Das klingt, als wäre schon das ganze Land in hellem Aufruhr und der Staat in Gefahr, dabei sind die politischen Forderungen deutscher Schriftsteller sehr bescheiden, zumal die beendete Revolution viel von ihrer ursprünglichen Faszination verloren hat. Aber das ficht Claudius nicht an; auch die mit so viel Entrüstung bedachte *Fabel* vom Zensor Brummelbär ist wieder da: »Es wäre freilich zu wünschen, daß sie nicht wahr wäre, und die Menschen durchgängig so gut wären, daß Preßfreiheit allgemein sein könnte.«

Auch dies ist eine ziemliche Übertreibung, bedenkt man, wie zahm die Zeitungen und Zeitschriften sich verhalten, denn der Zensor Brummelbär sorgt schon im Herzen der Journalisten für ein rechtes Wohlverhalten.

Sieben Briefe an Andres, allesamt geistlichen Inhalts, betonen erneut das christliche Fundament dieses Buches. In einem *Lied der Bauern – an ihre Gutsherrschaft, am Geburtstage* feiert Claudius sein Ideal einer in tiefer Harmonie vereinten Ständegesellschaft, in der niemand von so etwas Überflüssigem wie Menschenrechten schwatzt, wo die gnädige Herrschaft weise befiehlt und die Bauern einsichtsvoll gehorchen.

> Fromme Menschen sein und Christen,
> Ist ein guter Brauch;
> Ach, wenn's alle Herren wüßten,
> Ja, sie wären's auch;
> Und gehorsam wären Knechte,
> Plauderten nicht Menschenrechte,
> Wie ein Gauch, wie ein Gauch.

Auch das 1797 als separater Druck veröffentlichte Gedicht *Urians Nachricht von der neuen Aufklärung*, worin Claudius gegen die revolutionären Ideen (oder was er dafür hält) vom Leder zieht, ist im sechsten *Asmus* nachgedruckt:

Uns ist und bleibt der Szepter viel!
　　Euch lassen wir den – andern Stiel.
Wir fürchten Gott, wie Petrus schreibet,
　　Und ehren unsern König hoch.
Was Wahrheit ist, und Wahrheit bleibet
　　Im Leben und im Tode noch;
Das ist uns heilig, ist uns hehr!
　　Ihr Fasler, faselt morgen mehr.

Trotz solcher etwas abgestandener Repliken bekommt der Käufer dieses neuen *Asmus*-Bandes aber auch ein paar Kostbarkeiten Claudiusscher Lyrik zu lesen, von denen das Gedicht zur Silberhochzeit, *Christiane* und *Der Tod* schon zitiert wurden. Ein schönes Zeichen von der Weltfrömmigkeit des Dichters ist *Frau Rebecca mit den Kindern, an einem Maimorgen:*

Kommt Kinder, wischt die Augen aus,
　　Es gibt hier was zu sehen;
Und ruft den Vater auch heraus ...
　　Die Sonne will aufgehen! –

Wie ist sie doch in ihrem Lauf
　　So unverzagt und munter!
Geht alle Morgen richtig auf,
　　Und alle Abend unter!

Geht immer, und scheint weit und breit
　　In Schweden und in Schwaben,
Dann kalt, dann warm, zu seiner Zeit,
　　Wie wir es nötig haben.

Von ohngefähr kann das nicht sein,
　　Das könnt ihr wohl gedenken;
Der Wagen da geht nicht allein,
　　Ihr müßt ihn ziehn und lenken.

So hat die Sonne nicht Verstand,
　　Weiß nicht, was sich gebühret;
Drum muß wer sein, der an der Hand
　　Als wie ein Lamm sie führet.

Und der hat Gutes nur im Sinn,
Das kann man bald verstehen:
Er schüttet seine Wohltat hin,
Und lässet sich nicht sehen;

Und hilft und segnet für und für,
Gibt jedem seine Freude,
Gibt uns den Garten vor der Tür,
Und unsrer Kuh die Weide;

Und hält Euch Morgenbrot bereit,
Und läßt euch Blumen pflücken,
Und stehet, wenn und wo ihr seid,
Euch heimlich hinterm Rücken,

Sieht alles was ihr tut und denkt,
Hält euch in seiner Pflege,
Weiß was euch freut und was euch kränkt,
Und liebt euch allewege.

Das Sternenheer hoch in der Höh,
Die Sonne die dort glänzet,
Das Morgenrot, der Silbersee
Mit Busch und Wald umkränzet,

Dies Veilchen, dieser Blütenbaum
Der seine Arm ausstrecket,
Sind, Kinder!»seines Kleides Saum«,
Das ihn vor uns bedecket;

Ein»Herold«, der uns weit und breit
Von ihm erzähl und lehre;
Der»Spiegel seiner Herrlichkeit«;
Der»Tempel seiner Ehre«,

Ein mannigfaltig groß Gebäu,
Durch Meisterhand vereinet,
Wo seine Lieb und seine Treu
Uns durch die Fenster scheinet.

Er selbst wohnt unerkannt darin,
Und ist schwer zu ergründen.
Seid fromm, und sucht von Herzen ihn,
Ob ihr ihn möchtet finden.

Daß es Frau Rebecca ist, die am Beispiel des Sonnenaufgangs ihren Kindern die Weisheit und Wohltat von Gottes Schöpfung in einer fast volksliedhaften Schlichtheit nahebringt, mag ein kleiner häuslicher Scherz des Dichters gewesen sein; denn Rebecca hatte Mühe mit dem Einschlafen, ging daher erst spät zu Bett und blieb darum morgens auch länger liegen, während der Vater kaum erst herausgerufen werden mußte, denn der war schon um sechs Uhr früh auf den Beinen. Aber daß es eben »Frau Rebecca an einem Maimorgen« sein soll, ist natürlich eine Huldigung an die geliebte Frau, die ihre Kinder im Geist der Gottesliebe erzieht.

Und noch ein anderes Gedicht verdient unsere Aufmerksamkeit: *Als der Sohn unsers Kronprinzen, gleich nach der Geburt, gestorben war* ist es überschrieben; ein Gedicht, das Friedrich von Matthisson zweifellos zu den Gedichten »voll der kriechendsten Schmeichelei« gerechnet hätte und das doch von aller Schmeichelei und Kriecherei so weltenfern ist:

Mit den vielen andern, Groß und Kleinen,
Klag ich schmerzlich deinen Tod;
Will bei deinem Sarge satt mich weinen
Und die Augen rot.

Nicht: daß du dich nicht, nach Herzensgnüge,
An die holde Mutter schmiegst,
Und daß du, statt freundlich in der Wiege,
Tot im Sarge liegst; –

Hier ist Vorplatz nur, spät oder frühe,
Gehn wir alle weiter ein,
Und es lohnt sich wahrlich nicht der Mühe
Lange hier zu sein;

Nicht: daß du des Vaters Glanz hienieden
Und sein Königreich nicht sahst,

Und daß du die Krone, dir beschieden,
  Nicht getragen hast; –

Ach, die Kronen sind nicht ohne Bürden,
  Sind nicht ohn Gefahren, Kind!
Und es gibt für Menschenkinder Würden,
  Die noch größer sind;

Sondern: daß wir hier ein Land bewohnen,
  Wo der Rost das Eisen frißt,
Wo durchhin, um Hütten wie um Thronen,
  Alles brechlich ist;

Wo wir hin aufs Ungewisse wandeln,
  Und in Nacht und Nebel gehn,
Nur nach Wahn und Schein und Täuschung handeln,
  Und das Licht nicht sehn;

Wo im Dunkeln wir uns freun und weinen,
  Und rund um uns, rundumher,
Alles, alles, mag es noch so scheinen,
  Eitel ist und leer.

O du Land des Wesens und der Wahrheit,
  Unvergänglich für und für!
Mich verlangt nach dir und deiner Klarheit;
  Mich verlangt nach dir.

Was es bedeutet, das eigene Kind sterben zu sehen, hatte Claudius selbst dreimal erfahren. Nein, hier schreibt nicht ein erbötiger Untertan, sondern hier spricht ein Vater, der vom Tode weiß und von jenen Nichtigkeiten, die wir Wichtigkeiten heißen, hier spricht ein Vater zu schmerzgebeugten Eltern ein Wort des Trostes und der Stärkung, nicht aber der Untertan zu seinem Monarchen. Albrecht Goes, ein Schriftsteller des 20. Jahrhunderts, dem wir eine schöne, einfühlsame Deutung dieses Gedichts zu danken haben, formuliert es am Ende so: »Aber wie streng und wie tröstlich zugleich geht auch dieses Lehr- und Lebensgedicht auf uns zu, das, am Sarge eines kleinen Prinzen beginnend, so weit reicht:

schwer von der Erkenntnis, daß hier kein Bleiben ist, daß wir weitergehen, und ganz erhellt vom Vertrauen, von dem Vertrauen darein, daß es weitergeht.«

Friederike Juliane von Reventlow (1762-1816),
Gastgeberin des Emkendorfer Kreises ab 1783,
Gemälde von Angelika Kauffmann (1783/84)

VII

Krieg ohne Ende
»Alle Dinge gehen dahin.«

Das neue Jahrhundert, das mit dem 1. Januar 1800 anhebt, verspricht nicht viel Gutes. Seit Jahren führen England, Österreich und Rußland Krieg gegen Frankreich, und wenn auch Norddeutschland nicht unmittelbar betroffen ist, so bleibt doch der Süden nicht verschont, denn Österreich unternimmt sowohl in Oberitalien als auch in Süddeutschland seinen Feldzug gegen Frankreich, wenngleich immer erfolgloser und verlustreicher. Seit 1796 wird plötzlich überall der Name eines blutjungen französischen Generals genannt, der die Österreicher in Oberitalien besiegt, 1798 in einer aufsehenerregender Expedition nach Ägypten vorstößt, das Land eine Zeitlang besetzt hält, zurückkehrt und sich zum Diktator Frankreichs macht: Napoleon Bonaparte. Dieser Mann setzt durch, was ganz Europa nach einem Jahrzehnt unablässiger Kriege ersehnt: den Frieden. Unter seinem politischen Druck entscheidet sich der 1803 in Regensburg versammelte Reichstag des Deutschen Reiches, das linke Rheinufer an Frankreich abzutreten und dafür eine Entschädigung anzunehmen: Kleine Fürstentümer werden zugunsten größerer aufgelöst, der Kirchenbesitz verstaatlicht.

Wie Claudius darüber denkt, wissen wir nicht. Er äußert sich nicht zum politischen Zeitgeschehen, wahrscheinlich ist es ihm von Herzen zuwider. Statt dessen beginnt er seine letzte und umfangreichste Übersetzungsarbeit, sie gilt den *Œuvres spirituelles* des französischen Erzbischofs François de la Mothe-Fénelon, deren erster Band unter dem Titel *Fénelons Werke religiösen Inhalts* 1800 im Verlag von Friedrich Perthes erscheint.

Daß Claudius die Schriften eines katholischen Kirchenfürsten übersetzt, weckt einiges Befremden. Die innigen Beziehungen, die Claudius zu der katholisch gewordenen Fürstin Gallitzin in Münster unterhält, sind bekannt. Nun aber, Anfang Juni 1800, tritt auch sein Freund Friedrich Graf zu Stolberg zum katholischen Glauben über. Drei Wochen später annonciert Claudius seine Fénelon-Übersetzung, die schon als Ankündigung auch seines Glaubenswechsels verstanden wird, ohne daß Claudius jemals daran gedacht hätte. In seiner Vorrede beschreibt er präzis sein christliches Weltbild:

»Der Mensch ist für eine freie Existenz gemacht, und sein innerstes Wesen sehnet sich nach dem Vollkommenen, Ewigen und Unendlichen, als seinem Ursprung und Ziel. Er ist hier aber an das Unvollkommene gebunden, an Zeit und Ort; und wird dadurch gehindert und gehalten, und von dem väterlichen Boden getrennt.

Und darum hat er hier keine Ruhe, wendet und mühet sich hin und her, sinnet und sorgt, und ist in beständiger Bewegung zu suchen und zu haben, was ihm fehlt und ihm in dunkler Ahndung vorschwebt.

Da er sich aber nicht anders, als in und mit seinem Hindernis, bewegen kann; so ist sein Mühen umsonst und vergebens, was er auch tue und welchen Fleiß er auch anwende. Er kann, rundum in seinem Zirkel, Entdeckungen machen, viel und mancherlei finden, Schönes und Nützliches, Scharfsinniges und Tiefsinniges; aber zu dem Vollkommnen kann er, sich selbst gelassen, nicht kommen; denn er bringt, wie gesagt, gerade was ihm im Wege ist und hindert in alles mit, was er beginnet und tut, und kann nicht über sich selbst hinaus.

Soll er zu seinem Ziel kommen; so muß für ihn ein Weg einer andern Art sein, wo das Alte vergeht und alles neu wird, wo das Hindernis, das ihm im Wege ist und hindert und das er selbst nicht abtun kann, durch eine fremde Hand abgetan; und er, nicht

sowohl belehrt, als verwandelt und über sich und diese Welt gehoben und so der vollkommnen Natur teilhaftig wird.

Und diesen Weg, der das Geheimnis des Christentums ist, *läs-
tern* und *verbessern* die Menschen, und wollen lieber auf ihrem
Bauch kriechen und Staub essen.«

Keine Frage: Wie so oft zielen auch solche Sätze auf die Zeit-
phänomene, die von der Revolution ausgelöst worden sind. Claudius sieht die Welt aus den Fugen, weil sie den Weg des Christentums verlassen hat und sich nicht Gott, sondern Ideen zuwen-
det, die er für verderblich halten muß. Wozu bürgerliche Rechte
und Freiheiten, wenn der Mensch den Zugang zu Gott verliert?
Daß beides einander nicht ausschließen muß, ist dem Boten nicht
verständlich zu machen, in diesem Punkt ist er ganz hart und in-
tolerant, weil er Toleranz nur als Schwäche interpretiert und als
Verlust an Glauben.

Am 22. März 1803 fährt er nach Hamburg, um an der Beiset-
zung Klopstocks teilzunehmen. Der Dichter des *Messias* und so
vieler bewunderter Oden ist am 14. März im Alter von neunund-
siebzig Jahren in seinem Haus an der Hamburger Königstraße
(heute Poststraße) gestorben und bekommt nun ein Leichenbe-
gängnis, wie es weder vor noch nach ihm jemals einem deutschen
Poeten widerfahren ist. Vom Trauerhaus geht der Zug zum
Friedhof von Ottensen. Hamburgs Bürgermeister und der gesamte Senat folgen dem Sarg, dazu alle in Hamburg akkreditier-
ten Diplomaten und etwa zehntausend Menschen aus allen Ge-
sellschaftsschichten. Alle Schiffe im Hafen haben die Flaggen auf
Halbmast gesetzt, von allen Kirchtürmen der Stadt dröhnt das
Trauergeläut. Hamburger Stadtmilitär eskortiert den Zug. An der
Grenze von Hamburg zum dänischen Altona übernehmen dann
dänische Husaren die Eskorte. In der Christianskirche in Ottensen findet die Trauerfeier statt; der Sarg wird vor dem Altar ab-
gesetzt, Chöre aus Mozarts *Requiem* erklingen.

»Dann trat der Dr. Meier an den Sarg«, berichtet Claudius seiner
Tochter Anna, »sagte einige Worte und las den Tod der Maria aus
der Messiade und Du kannst denken, daß mich das nicht erbaut
und ich ihn zum Henker gewünscht und mich über den Prediger

in Ottensen, der ihm das erlaubt hat, geärgert habe. Als diese Sottise abgemacht und er die Rührung gestört hatte, machte die Musik, ein Chor von Romberg, eines von Mozart pp. es wieder gut und wir vergaßen den Dr. Meier und sein Vorlesen und Bekränzen des Sarges wieder. Als der Sarg vom Altar wieder aufgenommen und zu Grabe getragen wurde, stimmte der Chor ohne Musik den Choral: Auferstehen, ja auferstehen wirst du pp. an, und das tat sehr gut. Und so ward die Leiche eingesenkt und wir fuhren nach Hause. Gott habe ihn selig und helfe uns, wenn die Reihe kommt. Er hat wohl gelitten, aber die letzten Tage sind doch noch erträglich gewesen.«

Der siebte Teil des *Asmus* erscheint 1803 und soll der letzte sein. In der vom 30. September 1802 datierten Annonce des Bandes verweist Claudius auf sein unerschütterliches Christentum als Fundament seines Daseins:

»Es steht nur wenigen an, dies große Thema zu dozieren; aber auf seine Art und in allen Treuen aufmerksam darauf zu machen; durch Ernst und Scherz, durch gut und schlecht, schwach und stark auf allerlei Weise, an das Bessere und Unsichtbare zu erinnern; mit gutem Exempel vorzugehen und taliter qualiter [so einigermaßen] durchs Faktum zu zeigen, daß man – nicht ganz und gar ein Ignorant nicht ohne allen Menschenverstand – und ein rechtgläubiger Christ sein könne ... das steht einem ehrlichen und bescheidnen Mann wohl an. Und das ist am Ende das Gewerbe, das ich als *Bote* den Menschen zu bestellen habe, und damit ich bisher treuherzig herumgehe und allenthalben an Tür und Fenstern anklopfe.

Ich werde auch im siebenten Teil das nämliche Gewerbe treiben, und fortfahren, meine ungeheuchelte und unbegrenzte Achtung für das alte apostolische Christentum zu bezeugen und an den Tag zu legen. Und, wahrlich, ich müßte nicht glauben was ich glaube, und nicht wissen was ich weiß, wenn ich das nicht tun sollte, sonderlich zu einer Zeit, wo der apostolische Christus, an mehr als einem Ort, den Menschen aus den Augen gerückt und ein andrer untergeschoben wird, aus dem man nicht klug werden kann, und der freilich keine Wunder tut, und nichts ist; denn sie können ihn ja nicht mehr machen als *sie* sind, wenn sie ihn nach *ihrer* Vernunft modeln, und nicht lassen wollen, was er ist und wie er uns von Gott gegeben worden.«

Im ersten Beitrag des neuen Bandes – *Eine asiatische Vorlesung* – zeigt Claudius, wie sehr die orientalischen Religionen in vielen Grunderkenntnissen dem Christentum verbunden sind, wie denn überhaupt die christlich-religiöse Thematik auch in diesem Buch wieder überwiegt. Manches davon war schon früher separat erschienen, so der Brief *An meinen Sohn Johannes,* eine Sammlung beherzigenswerter Lebensweisheiten, darunter der schöne Satz: »Verachte keine Religion, denn sie ist dem Geist gemeint, und Du weißt nicht, was unter unansehnlichen Bildern verborgen sein könne.« Und wie stets wird er auch hier nicht müde, auf das Vergängliche unseres Lebens auf Erden hinzuweisen:

»Der Mensch ist hier nicht zu Hause, und er geht hier nicht von ungefähr in dem schlechten Rock umher. Denn siehe nur, alle andre Dinge hier, mit und neben ihm, sind und gehen dahin, ohne es zu wissen; der Mensch ist sich bewußt, und wie eine hohe bleibende Wand, an der die Schatten vorübergehen. Alle Dinge mit und neben ihm gehen dahin, einer fremden Willkür und Macht unterworfen; er ist sich selbst anvertraut, und trägt sein Leben in seiner Hand.«

Der Anlaß für diesen Brief: der sechzehnjährige Johannes hatte 1799 (im Jahr der Niederschrift des Briefes) das Wandsbeker Elternhaus verlassen, um eine Kaufmannslehre in Hamburg zu beginnen, und schon bald erkannt, daß seine Berufung doch eher zur Theologie hinneigte. In einem ausführlichen Brief vom 12. September 1799 gibt der Vater dem Sohn das Für und Wider dieser Entscheidung zu bedenken: »Du weißt, daß es nicht meine Absicht gewesen ist, daß Du Kaufmann würdest, sondern es ist Dein eigner freier Wille und Entschluß gewesen, den Du nun wieder ändern willst.« Nachdem er ihm diesen möglichen Berufswechsel unter verschiedenen Gesichtspunkten erörtert hat, schließt er: »Indessen und bei dem allen, wenn Du wirklich an der Kaufmannschaft keine Freude und nicht genug hast und Dein Herz etwas Besseres und Edleres begehrt und sonderlich, wenn Du einen ernstlichen Trieb hättest, als Theologe Gutes in der Welt zu schaffen, als dazu itzo die rechte Zeit ist, so will ich Dich keineswegs zwingen, sondern gern die Hände bieten, soviel ich kann. Nun prüfe, überlege und bitte Gott, daß er Dich das Beste wählen läßt. Auf alle Fälle aber mußt Du Deines Ernstes sicher sein. Ich zweifle gar nicht, daß Du den Vorsatz habest, fleißig zu sein und Dich keine Mühe verdrießen zu lassen, aber man kann über die Beharrlichkeit nicht gewiß werden als durch Probe und Erfahrung, und es ist vernünftig und rätlich, daß Du diese Probe machest, ehe Du das Gute, das Du hast, aus den Händen gibst.«

Johannes Claudius,
Gemälde von Friederike Leisching, um 1800

Johannes ist bei seinem Vorhaben geblieben, besuchte zur Vorbereitung auf sein Studium die berühmte Schule von Schulpforta, studierte dann Theologie an der Universität Kiel und wurde später Pastor in Sahms. Der Brief des Vaters an den sechzehnjährigen Lehrling ist ein besonders schönes Beispiel Claudiusscher Pädagogik.

In einem *Valet* (Lebewohl) *an meine Leser* verabschiedet sich der
Bote:»Ich entschuldige mich über meine *Werke* bei Ihnen nicht.
Ich bin kein *Gelehrter* und habe mich nie für etwas ausgegeben.
Und ich habe, als *einfältiger Bote,* nichts *Großes* bringen wollen, sondern nur etwas Kleines, das den *Gelehrten* zu wenig und zu geringe
ist. Das aber habe ich nach meinem besten Gewissen gebracht;
und ich sage in allen Treuen, daß ich nichts Bessers bringen
konnte.« Und er formuliert sein Credo:
»Man ist nur *einmal* in der Welt, und ist nicht darin, ihr nach dem
Sinn zu reden, und Häckerlinge zu schneiden. Es schafft nicht,
daß der Mensch mit niedergeschlagenen Augen sitze, und sich
räuspere und seufze; er soll die Augen frei aufschlagen und frisch
und fröhlich um sich sehen. Aber man kleinmeistert und lacht
sich nicht durch die Welt, und die sind übel berichtet, die da glauben und lehren, daß die Menschen hier nichts anderes zu tun hätten und daß sie hier so recht *a leur aise* [zu ihrer Bequemlichkeit]
wären. Sehe doch einer nur an, wie sie in die Welt hereinkommen
und wie sie wieder hinausgehen, wes Standes und Ehren sie sind!
– Wer dazu lachen und sich das aus dem Sinn schlagen, oder sich
darüber mit den *Kategorien* etc. trösten kann, der mag ein Philosoph sein; aber ein vernünftiger Mensch ist er nicht.«
Sein Schwiegersohn Perthes hat sich um diese Zeit mit einem
jungen Maler namens Philipp Otto Runge befreundet. Der war –
aus Wolgast stammend – in das Geschäft seines in Hamburg le-
benden Bruders Daniel eingetreten, aber es erwies sich schon
recht bald, daß Otto, wie er gerufen wurde, nicht das Zeug zum
Kaufmann besaß, wohl aber das zum Künstler. In völlig selbst-
loser Weise sorgte nun Daniel dafür, daß der jüngere Bruder an
der Kunstakademie in Kopenhagen zum Maler ausgebildet wurde. Später setzte er seine Studien in Dresden fort, ehe er sich 1804
ganz in Hamburg niederließ. Runge, der auch Porträtzeichnungen
von Matthias und Rebecca anfertigte (sie sind nicht erhalten geblieben), wurde fast so etwas wie ein Freund der Familie Claudius
und versprach ein großer Künstler zu werden.
Noch einmal genießen Hamburg und Dänemark und somit
auch Wandsbek eine letzte Frist des Friedens ohne Furcht vor

der Zukunft. Gewiß, Napoleons Truppen haben 1803 das damals
zu England gehörende Kurfürstentum Hannover besetzt, aber
das ist ja weit weg. Zwei Jahre später erklären Österreich und
Rußland Napoleon den Krieg. In einem damals beispiellosen
Blitzkrieg vernichtet Napoleon seine Gegner, und als ein Jahr
später das verblendete Preußen gleichfalls den Krieg gegen
Frankreich beginnt, wird auch dessen Armee in wenigen Mona-
ten zerschlagen. Dieser Krieg ist noch nicht zu Ende, da besetzen
französische Truppen im November 1806 kampflos Hamburg.
Das hatte sich zwar politisch stets neutral verhalten, was ihm jetzt
aber nichts nützt, da Frankreich befürchtet, der Erzfeind England
könne sich vielleicht handstreichartig Deutschlands größter Hafenstadt bemächtigen. Zwar kommt im Juli 1807 der Frieden zwischen Frankreich auf der einen und Preußen und Rußland auf der
anderen Seite zustande, aber Hamburg bleibt nach wie vor unter
französischer Besatzung. Da geschieht etwas, das Claudius tief
verstört.

Mitten im Frieden überfällt eine britische Flotte das neutrale
Dänemark, dessen Hauptstadt Kopenhagen vom 2. bis 5. September Tag und Nacht von den britischen Schiffsgeschützen be-
schossen wird, was schwere Verluste unter der völlig ahnungslo-
sen Bevölkerung anrichtet. 1.600 Männer, Frauen und Kinder
werden getötet, 1.000 verletzt. Die Dänen werden so sehr überrascht, daß ihnen kaum Zeit zur Abwehr bleibt, zumal die Briten
auch noch Truppen an Land setzen. Vierundvierzig dänische
Kriegsschiffe fallen den Engländern unversehrt in die Hände und
werden gekapert, alle anderen zerstört. Dänemark besitzt keine
Flotte mehr, doch eine in Flammen stehende Hauptstadt. Dieser
brutale Überfall entsetzt ganz Europa und wirkt auf Claudius tief
verstörend, zumal Dänemark als Antwort im Oktober ein Mili-
tärbündnis mit Frankreich schließt und somit ungewollt ein Teil
von Napoleons Strategien wird. Mit der Broschüre *Schreiben eines
Dänen an seinen Freund* nimmt Claudius öffentlich Stellung:

»Lieber Freund, wir in unsern Jahren möchten die Engländer lieber ohne Schwertschlag zur Besinnung gebracht sehen; wir haben
keine Freude an Blutvergießen, und die Kriegs- und Siegslorbeern

sind eitel für uns und reizen uns nicht mehr; aber Notwehr und Selbstverteidigung gegen Gewalt und Unrecht, seinen Fürsten und sein Vaterland liebhaben, ist ein ander Ding – und wir werden trotz unsrer grauen Haare im Fall der Not, wie mächtig der Feind auch sei, den Rücken nicht wenden. Und das wird kein Mann tun, so viele ihrer in Dänemark sind, sie mögen graue oder braune Haare haben. – Es ist etwas im Menschen, das sich vor keiner Gewalt beugt und fürchtet, und durch keine Gewalt überwältigt werden kann. Es bleibt unbeschädigt und frei, wie auch die Sachen gehen, und spricht der Gewalt hohn; und ist doch zugleich mild, und rät zum Guten und Frieden.«

Aber der Frieden wird noch Jahre auf sich warten lassen. Doch so sehr auch Claudius der Gewaltlosigkeit das Wort redet: Wo ein Volk an seinem Lebensnerv bedroht wird, ist für ihn ein Verteidigungskrieg durchaus geboten und gerechtfertigt.

Der nächste Krieg steht schon vor der Tür, und er ist durch nichts gerechtfertigt: Napoleon läßt das bislang mit ihm verbündete Spanien militärisch besetzen, um das Land zur Wirtschaftsblockade gegen England zu zwingen. Aus einem Unternehmen, das Napoleon auf nur wenige Wochen kalkuliert hat, entwickelt sich der erste Partisanenkrieg der neueren Geschichte, der sechs Jahre dauert und einigen hunderttausend Menschen – Spaniern, Engländern, Franzosen mit ihren deutschen Verbündeten – das Leben kostet.

Dieser Krieg währt gerade erst ein Jahr, da überfällt Österreich im April 1809 das mit Frankreich verbündete Bayern, und wieder wird Napoleon den alten Widersacher Österreich in nicht ganz einem halben Jahr in die Knie zwingen. Währenddessen versucht England, mit einer Invasionsarmee in das von Frankreich beherrschte Holland einzufallen, aber das Unternehmen scheitert unter schwersten britischen Verlusten.

Im Dezember 1810 beschließt Napoleon, Hamburg seinem Kaiserreich einzuverleiben. Das Hamburger Stadtmilitär wird aufgelöst und in ein neues französisches Infanterie-Regiment eingegliedert; auch viele junge Hamburger müssen von nun an für die Franzosen Militärdienst leisten. Im Frühjahr 1812 marschie-

ren sie in Napoleons Armee nach Rußland, dem nächsten Kriegs-
schauplatz, von wo fast niemand von ihnen nach Hamburg zurückkehren wird. Zwar wird Moskau besetzt, aber die Armee ist
durch Seuchen stark dezimiert, und da der Zar nicht zum Frieden
bereit ist, muß der Rückzug angetreten werden. Fast eine halbe
Million Soldaten finden binnen eines halben Jahres den Tod.
Es ist, als hätten all diese Weltereignisse Claudius wie verstei-
nert. Öffentlich äußert er sich nicht. Er entschließt sich 1811,
eine »Zugabe« zum *Asmus* als achten Teil herauszugeben, so gut
wie nur noch geistliche Betrachtungen, auch die Vorreden zum
zweiten und dritten Band der Schriften Fénelons sind dabei, denn
dieses große Unternehmen hat Claudius endlich 1811 abschlie-
ßen können.

Ihn bedrücken nicht nur die kriegerischen Zeitläufte, ihn quälen
auch Geldsorgen, denn durch die politischen Verhältnisse ver-
teuern sich die Lebenshaltungskosten immer mehr, und das Studium der Söhne wird immer kostspieliger.

Schon im Dezember 1803 hatte er sich an den Kronprinzen ge-
wandt: »In dieser angenehmen heiligen Christ-Zeit, wo alle Väter
und Kinder nach hergebrachter Sitte durch Geschenke und Ga-
ben erfreuen und erfreut werden, komme ich zu Ew. K. K. mir
auch einen heiligen Christ untertänig auszubitten.« Denn sein
Sohn Johannes sollte – nach dem vorbereitenden Besuch von
Schulpforta, was durch ein Stipendium bezahlt worden war –
Theologie studieren: »Nun gebe ich ihm wohl gerne die Kosten
dazu her, aber ich kann sie nicht geben, denn seine acht Geschwister lassen bei den dermaligen dreifach höheren Preisen aller Lebensbedürfnisse nichts für ihn übrig.« Also bat er den
Kronprinzen um die Finanzierung dieses Studiums. Er schickte
den Brief zu Händen des Finanzministers Graf Ernst Schimmelmann, des Sohnes seines früheren Gönners, mit der Bitte um Fürsprache. Die Antwort des Kronprinzen kennen wir nicht.

Acht Jahre später nun geht ein erneutes Bittgesuch an Schimmelmann. Darin bietet er dem dänischen Staat sein Haus zum
Kauf an: »Ich will gerne verkaufen und muß verkaufen, weil ich,
sonderlich bei den dermaligen Abgaben, zu teuer wohne, weil ich

138

2 Söhne auf der Universität und 1 auf der Schule in Sachsen [Schulpforta] habe, die mich aus dem Hause studieren.« Auch hier wissen wir nicht, was Schimmelmann geantwortet hat. Jedenfalls ist das Haus nicht verkauft worden. Die »Zugabe« zum *Asmus* und die Fortsetzung und Beendigung der Fénelon-Übersetzung sind zweifellos auch aus finanziellen Erwägungen erfolgt.

Die Söhne Ernst (links, um 1807) und Franz (um 1809).
Gemälde von Friederike Leisching.

Als Anna ihrem Vater zum Geburtstag 1811 Wein schickt, antwortet er beglückt: »Mit diesem Wein habt Ihr mir ein wahres Geschenk gemacht, seit ¾ Jahren haben wir keinen Wein im Hause, und ich kann ihn nicht wohl entbehren, dies statt allen weiteren Danks.« Denn Claudius trinkt gerne Wein und hat sich diesen Genuß ein Leben lang nicht versagt; wenn er jetzt gesteht, seit einem Dreivierteljahr auf Wein verzichten zu müssen, muß es ihm wirklich sehr schlecht gehen. In seiner Darmstädter Zeit hatte er den Rheinwein schätzen gelernt und ihm im dritten Band des *Asmus* ein Preislied gewidmet, worüber die rheinischen Winzer so erfreut waren, daß sie ihm jedes Jahr eine Kiste Rheinwein ins Haus schickten. Und da eine Kiste bald leergetrunken ist, bestellte er sich regelmäßig Nachschub in Lübeck über Freund Gerstenberg. Auch hat er seinen Freunden gerne Wein zum Geschenk gemacht. Wie sehr muß ihn da der leere Keller geschmerzt haben. Auch meinte er, wie die Bibel, daß der Wein des Menschen Herz erfreue, und hatte sein *Rheinweinlied* mit der Strophe beschlossen:

So trinkt denn, und laßt uns allewege
Uns freun und fröhlich sein!
Und wüßten wir wo jemand traurig läge,
Wir gäben ihm den Wein.

Aber nun sind die Zeiten traurig und düster, man mag keine Zeitung mehr aufschlagen, es ist nur noch von Krieg und Sieg die Rede und das Leben bedrückend geworden. Am 2. Dezember 1810 stirbt Philipp Otto Runge, erst dreiunddreißig Jahre alt, an Lungentuberkulose. Er war im Begriff gewesen, sich zu einem großen Maler zu entwickeln, der mit den *Hülsenbeckschen Kindern* das schönste Kinderbildnis der deutschen Malerei geschaffen hatte. Nur wenige haben damals im allgemeinen Kriegsgetöse wahrgenommen, von welchem Verlust die deutsche Kunst betroffen war; in seiner ganzen Bedeutung ist Runge erst ein Jahrhundert später erkannt worden. Für Claudius und die Seinen starb ein Freund; Caroline Perthes hatte ihm in seinen letzten Stunden beigestanden und dem Vater berichtet, und der schreibt an Anna:
»Daß Otto Runge gestorben ist wirst Du aus den Zeitungen gesehen haben. Er hat sehr gelitten, aber meisterlich, das muß man ihm lassen, und Caroline hat ihm beigestanden, auch meisterlich, das muß man ihr lassen. Sie ist den langen Weg des Tages mehr als einmal gelaufen, in Regen und Wind, bei Tage und im Dunkeln. Er verlangte sie immer, und keiner und keine konnte es ihm recht machen als sie. Dafür hat er ihr aber auch Dank gewußt und manches von seinem Gemützustand und seinen Ideen und Empfindungen ihr erzählt, das ihr Freude gemacht hat und einem jeden Freude machen muß, weil alles bei ihm ohne Affektion und so ganz natürlich war. Er ist bis auf die letzte Minute, kleine Krampf-

paroxismen mit Fieber abgerechnet, bei voller Besinnung gewesen und hat noch die letzte ¼ Stunde mit Bruder, Frau, Perthes, Caroline pp., die alle um sein Bett stunden, frei und heiter gesprochen. Der Doktor Lappenberg hat auch gemeint: er habe viel Menschen leiden und sterben sehen, aber so noch keinen, und hat, wie Caroline sagt, geweint, daß er geschluchzt hat. Einen Traum, den er Caroline erzählt hat, muß ich Dir doch erzählen. Ihm habe gedünkt, daß sich eine große Hand ihm über und auf den Kopf gelegt habe, ›ick wüß, Caroline, dat det den leeven Gott sin Hand waar, denn my waar so woll daby to Mood. Don sagd ick: lat liggen, Vadder! und he leed se ock liggen, Caroline.‹ Die Frau ist 2 Tage nach seinem Tode von einem Knaben entbunden, von dem er immer gesprochen und den er noch so gerne sehen wollte. Ich möchte wohl gerne einmal einen vollendeten Christen sterben sehen.«

Dem Hamburger Juristen Georg Ludwig Bokelmann teilt der Bote am 10. August 1812 diese Glaubensgewißheit mit:

»Von mir selbst ist nichts zu sagen, ich bin 72 Jahre alt und rüste mich zur Reise ins gelobte Land. Mit meiner Gesundheit geht es noch besser, als ich es verdient habe, bis auf einen bösen Husten, den ich meinen selgen Eltern nachhuste und von dem ich auch wohl im Sarge nur feiern werde.

Daß Sie, wie Sie schreiben, so übel daran sind, geht uns nahe und wir hülfen gern, wenn wir könnten, u. trösten Sie gern darüber, wenn der Mensch in dieser Welt zu *Hause* wäre u. es im Grabe mit ihm alle u. aus wäre, so wüßte ich keinen Trost; aber es ist im Grabe nicht mit ihm alle und aus. Und es ist hier in der Welt von Anfang bis zu Ende im Grunde nichts als Jammer und Krüppelei. Zwar auf der Oberfläche spielen bunte Farben u. verhehlen es uns und verführen uns, daß wir nur spät hinter die Wahrheit kommen. Und was uns dazu behülflich ist, das ist kein Unglück für uns.«

VIII

Abschied

»Denn bleiben können wir hier nicht.«

Du weißt, ich schreibe nicht gern von politischen Dingen«, bemerkt Claudius am 13. März 1813 in einem Brief an seine Lieblingstochter Anna, kommt aber dann doch auf das zu sprechen, was sich gerade in Hamburg zugetragen hat. Am 24. Februar hatte sich die seit langem aufgestaute Wut der Bevölkerung auf die verhaßten französischen Zöllner entladen. Wegen der strengen Wirtschaftsblockade gegen England blühte der Schmuggel. Die britische Herrschaft über die Elbmündung und die Nähe des dänischen Altona begünstigten den Schleichhandel und erschwerten die Kontrollen. Vor allem aus Altona wurden verbotene Waren nach Hamburg gebracht, da es unmöglich war, den regen kleinen Grenzverkehr lückenlos zu kontrollieren; es ging dabei weniger um gewerbsmäßigen Schmuggel als um das natürliche Bestreben der Bevölkerung, sich mit den rar gewordenen Waren, vor allem Kaffee, zu versorgen. Die französische Besatzung betrug zu Beginn des Jahres 1813 nur etwa 500 Soldaten, und die schlechten Nachrichten aus Rußland hatten die Hoffnungen der Menschen auf Befreiung bestärkt und eine gewisse trotzige Stimmung gegen die Okkupanten befördert. Bei einer Auseinandersetzung mit dem Zoll explodierte die angestaute Wut: Die Franzosen eröffneten das Feuer, es gab mehrere Tote, worauf die wütende Menge französische Zollbeamte totschlug oder in den Fleeten ertränkte. Der Aufstand eskalierte, und erst als am Nachmittag zu Hilfe gerufene dänische Husaren einrückten, beruhigte sich die Stimmung, weil die Bevölkerung glaubte, die Dänen würden den Hamburgern beistehen. Als klar wurde, daß das dänische Militär die Franzosen unterstützte, war es zu spät, den Aufstand noch einmal anzufachen. Die Franzosen griffen streng durch und erschossen am 3. März sieben Hamburger als Rebellen. Die Besatzungstruppe wurde verdreifacht.

Das Eingreifen der Dänen erwähnt Claudius nicht, aus gutem Grund: Er hätte es lieber gesehen, wenn sein Dänemark, dessen König er so sehr verehrte (der Kronprinz war 1808 König Friedrich VI. geworden), das Bündnis gewechselt und zu Napoleons Gegnern, den Russen und Preußen, übergegangen wäre. Aber als die russischen Truppen nicht mehr weit von Wandsbek und Hamburg entfernt sind, bezieht Dänemark klare Position zugunsten Frankreichs. »Hier bei uns«, so Claudius, »stehen allenthalben an der Grenze Pfähle ›Neutrales Gebiet‹ in deutscher und russischer Sprache, und hier im Ort an den meisten Häusern das dänische Schiffszeichen: ein weißes Kreuz in rotem Felde.« Gut gemeint, aber naiv, denn »neutrales Gebiet« ist dänisches Territorium nicht, auch wenn dänisches Militär nicht direkt in die Kampfhandlungen eingreift und so den Eindruck bei den Russen erweckt, sich neutral zu verhalten. Vier Tage nach diesem Brief besetzen die Russen Hamburg, können es aber nicht halten, da starke französische Verbände heranrücken und erneut die Stadt einnehmen, die nun wieder unter französische Militärhoheit kommt. Marschall Davout, der Oberbefehlshaber, läßt Hamburg zur Festung ausbauen und auf eine langwierige Verteidigung vorbereiten.

»Wir sind seit 3 Wochen durch fürchterliche Bombardements und andere Ereignisse, die uns fremd und ungewohnt sind, erschreckt und mürbe gemacht worden«, schreibt Claudius am 30. Mai an Anna, »sind aber übrigens gesund und wohlauf bis dato und vertrauen auf Gott und unsere Unschuld. Das Reisen und Auswandern ist hier übrigens sehr Mode geworden. Feinde und Freunde sind ausgewandert, Caroline mit ihren Kindern hat uns auf 14 Tage besucht und ist nun wieder weitergegangen. Wir wanderten auch gerne dem Kriegsgelüste aus dem Wege; aber es scheint, der liebe Gott wolle uns prüfen und unter seine gewaltige Hand beugen lehren.«

Perthes und seine Familie haben Hamburg verlassen, denn Perthes hatte sich zu sehr im Widerstand gegen die französische Besatzung engagiert und wird jetzt von den Franzosen steckbrieflich gesucht; sein Besitz ist beschlagnahmt. Das kleine Wandsbek hat sich in ein Heerlager verwandelt, seit Hamburg von einer russischen Armee eingeschlossen worden ist. »Bleiben können wir hier nicht«, schreibt Claudius am 16. Juli an Anna, »wenn die Belagerung von Hamburg vor sich geht. Wohin aber flüchten, das wissen wir, wie gesagt, noch nicht.«

Am 16. August – tags zuvor ist Claudius 73 Jahre alt geworden – verlassen Matthias und Rebecca ihr geliebtes Wandsbek. Zuerst kommen sie bei den Verwandten in Lütjenburg unter, dann gehen sie nach Kiel und schließlich nach Lübeck: »Wir sind hier so weit sehr wohl, haben ein kleines Stübchen, darin ein breites Bett und Kanapee stehen. Dann aber auch so wenig Raum übrig, daß ein Mensch sich kaum umwenden kann.« Sonst kein Wort der Klage, nur ein Hinweis auf die ausgewiesenen Hamburger. Denn die Franzosen hatten Weihnachten 1813 20.000 Hamburger, die sich nicht mehr verpflegen konnten, zum Verlassen der belagerten Stadt gezwungen; bei den strengen Wintertemperaturen waren dann über 1.000 der durch Hunger geschwächten Menschen in der Kälte zugrunde gegangen.

Hier in Lübeck warten Matthias und Rebecca nun sehnlichst auf das Kriegsende, das sich allmählich abzeichnet. Und wieder einmal ist die finanzielle Situation bedrohlich, denn durch die Kriegswirren bekommt Claudius sein Gehalt als Bankrevisor nicht. Da kommt völlig überraschend ein Brief aus Elberfeld: Zwei Kaufleute, Verehrer des Boten, schicken ihm 800 Taler, denen später noch zwei weitere Geldüberweisungen folgen. So ist fürs erste gesorgt.

»Es ist umsonst, daß Ihr frühe aufsteht und hernach lange sitzet und esset Euer Brot mit Sorgen, denn seinen armen Sündern gibt Er es schlafend«, dankt Claudius mit einem Bibelwort. »Freilich das Ende und Resultat der jetzigen physischen und moralischen

Gärung dürfte ich wohl nicht erleben und es wird interessant und wichtig sein, sie zu erleben und Gott hinten nach zu sehn; doch muß ich mich darüber trösten; am Ende ist und bleibt auch der Mensch selbst die Haupt-Sache für sich und es mag wohl viel Unheil in der Welt daher entstanden sein und entstehen, daß man sich mehr um andre als um sich selbst bekümmert hat; auch haben wir mit uns selbst genug zu tun und mehr als wir bestreiten können, wenn uns der Stiller unsers Haders nicht zu Hülfe käme – doch Gott siehet den Willen an, wenn er ernstlich ist, und er zieht, wie Hamann sagt, den Ernst eines erstickten Seufzers dem Nierenfett der Chorsänger vor.«

Das Haus an der Lübschen Landstraße hütet inzwischen Fritz, der versucht, trotz ständiger Belegung durch russische Truppen, den Familienbesitz vor dem Ärgsten zu bewahren. Ihm schreibt der Vater im Januar 1814: »Rette mir nur die Linden hinter dem Hause. Die Linden und auch die Eichen vor dem Hause will ich verschmerzen, wenn es nicht anders sein kann.«

Fritz (Friedrich) Claudius,
Gemälde von Friederike Leisching, um 1803

Caroline, derzeit von Perthes getrennt, der in Mecklenburg in einem »Hanseatischen Direktorium« (einer provisorischen Regierung Hamburgs) arbeitet, hat in Kiel ihren kleinen Sohn Bernhard infolge einer Infektion verloren und erfährt von ihrem Vater:

»Liebe Caroline, als Christiane und der kleine Matthias starben, habe ich auch bitterlich geweint; doch als die ersten bitteren Stunden vorüber waren, ward es heller um mich und in Wahrheit, ich wünschte sie nicht wieder zurück. Alle Trübsal, wenn sie da ist, dünkt sie uns nicht Freude, sondern Traurigkeit zu sein, doch wenn sie mit Ergebung getragen ist, wirket sie Reue, die niemand gereut.«

Am 6. April 1814 erklärt Napoleon seine Abdankung, aber Marschall Davout findet sich erst am 29. April bereit, die Kampfhandlungen rings um Hamburg einzustellen, und am 30. Mai verlassen die letzten französischen Truppen die Stadt. Nun ist der Krieg wirklich zu Ende. Noch in Lübeck verfaßt Claudius seine letzte Prosaarbeit *Predigt eines Laienbruders zu Neujahr 1814*. Für ihn bietet der künftige Frieden die langersehnte Gelegenheit, endlich zu den christlichen Grundwerten zurückzukehren und eine Umkehr einzuleiten.

»Der Krieg, der nie so weit und breit durch ganz Deutschland, und durch fast alle Länder von ganz Europa wütete, hat den Menschen die Güter, darin sie ihr Glück suchen, und daran sie ihr Herz hängen, und davon sie in der Güte nicht lassen wollten, mit Gewalt genommen, daß sie sich nach Gütern, die nicht genommen werden können, umsehen, oder sie doch wenigstens von der Nichtigkeit und Unsicherheit jener Güter lebendiger überzeugt, und in ihrer Anhänglichkeit an sie gestört werden; er hat dem Dünkel, der Selbstweisheit und Selbsthülfe, die ihr Haupt emporgehoben hatten, den Mut gebrochen; er hat die Menschen Ergebung und Unterwerfung unter die gewaltige Hand Gottes gelehrt, und durch mancherlei Unrecht und Gewalttätigkeiten, Verlust und Ungemach ihre Herzen mürbe gemacht und zerschlagen. Mit einem Wort, er hat sie für die Hülfe, die allein helfen kann, *empfänglicher* gemacht.«

Mitte Mai können Matthias und Rebecca wieder in ihr Wandsbeker Haus einziehen. »Unser Garten grünt und blüht«, erfährt Anna, »und das Haus war freilich ein Schweinestall, aber doch nicht ruiniert, und Mama hat es solange gewaschen und gekämmt, daß wir wieder darin bequem wohnen. Für itzo bewohnen wir nur die eine Hälfte, und die andere bewohnt ein Prinz aus Moskau, der hier einquartiert ist.« Bis zu 170 Soldaten waren hier untergebracht gewesen, erst Dänen, später Russen, und von dem Inventar war viel verlorengegangen, gestohlen oder vernichtet. Doch das wichtigste für Claudius: Die geliebten alten Bäume sind alle erhalten geblieben, nicht einer fehlt. Dies Glück hat Hamburg nicht gehabt: Um die Stadt verteidigen zu können, hatte Marschall Davout alle Häuser und Gärten vor den Wällen rigoros niederbrennen und abholzen lassen, kein feindlicher Soldat sollte sich im Radius der französischen Geschütze unbemerkt der Stadt nähern.

Rebecca Claudius, die Tochter des Dichters,
Gemälde von Friederike Leisching, 1808

Bei den Eltern ist jetzt nur noch die Tochter Rebecca. Doch als es am 15. August den Geburtstag des Vaters zu feiern gilt – vierundsiebzig ist er geworden –, überraschen ihn die Kinder mit ihrem Besuch: Johannes, nun wohlbestallter Pastor in Sahms, ist mit seiner Frau gekommen; Fritz, Ernst und Franz sind da und aus Hamburg Caroline mit den Enkeln.»Wenn es der letzte Geburtstag gewesen sein sollte«, so Claudius an den Theologen Georg Heinrich Nicolovius,»so hat der liebe Gott den letzten noch recht vergnüglich feiern lassen.«

Ja, es sollte der letzte sein. Claudius beginnt zu kränkeln und nimmt schließlich im Dezember das Angebot von Friedrich Perthes an, nach Hamburg in sein Haus am Jungfernstieg überzusiedeln. Damit ist gewährleistet, daß Dr. Heise, der langjährige Arzt, täglich nach Claudius sehen kann, und auch für Rebecca bedeutet es Entlastung, wenn die Pflege ihres Mannes nicht mehr allein auf ihren Schultern ruht. Man hat ihm das Wohnzimmer im ersten Stock überlassen, und durch die Balkontür kann er die Binnenalster mit den Schwänen und die Lombardsbrücke mit der alten Mühle sehen.»Er hatte große Freude über die Aussicht und besonders über das große Stück Himmel, das er sehen konnte«, erinnert sich später seine Enkelin Agnes Perthes, damals sechzehn Jahre alt.»In der ersten Zeit sprach er fast kein Wort, er war still und in sich gekehrt, lag den Tag über zu Bette, gegen Abend stand er eine Stunde auf. Es war Winter, er saß auf einem Lehnstuhl am Ofen. Mama fragte ihn, indem sie seine Hand drückte und küßte: lieber Papa, warum bist du so stille, hast du Schmerzen, oder drückt dich eine Sorge? er antwortete; min lewe Line, dat Sterben is schwer, es is nix Lichtes!« Über sein Sterben hat Agnes Perthes einen ausführlichen Bericht geschrieben:

»Am Neujahrsabend lag er still in seinem Bette, Großmama und ich saßen am Fenster, Großmama weinte, vom Turme wurde ›Nun danket alle Gott‹ geblasen, Großpapa hatte die Hände gefaltet und sagte: dat hör ick künftig Jahr nich wedder. – Der Kranke wurde von Tag zu Tag heiterer und freundlicher, er machte mit uns Kindern zuweilen einen Spaß, zu leiden hatte er wenig, den inneren Kampf hatte er überstanden, erwartete ruhig auf die Erlösung von seinem kranken Körper und freute sich auf das ewige Leben mit seinem lieben Heiland Jesus Christus. So kam der 21. Januar heran, an dem Morgen des Tages früh sagte der Kranke an Großmama: er würde an dem Tage sterben und zwar zwischen 2 bis 3 Uhr, wie wir die Nachricht hörten, gingen wir alle zu ihm und standen um sein Bett. Großmamas Bett war abgeschoben, sie saß neben ihm, ich stand so dicht bei ihm, daß ich sein liebes Gesicht genau sehen konnte. Großpapa war kein stark gebauter Mann, auch nicht groß gewachsen, er hatte braunes Haar, auch zuletzt wenig graues Haar, der vordere Kopf war entblößt von Haaren, er hatte eine schöne hohe Stirne, eine gebogene Nase, wunderschöne blaue Augen, der Mund war eingefallen, das Kinn stand vor. – Der Eindruck des Sterbens bei vollem Bewußtsein, hat einen mächtigen Eindruck auf mich gemacht für mein ganzes Leben, es berührte meine Seele so gewaltsam, daß ich viele Einzelheiten nicht in mir aufgenommen habe, ich war 16 Jahre alt, was ich behalten habe, will ich hinschreiben. Der Morgen verging unter Gebet und lautem Hersagen von Sprüchen und Versen, er betete mehrere Mal das Vaterunser, die meisten Bibelstellen bezogen sich auf Bestätigung der Sündenvergebung durch das Blut Jesu Christi, und auf seine Liebe zum Erlöser. – Er nannte die Namen seiner abwesenden Kinder, und gab denen, die da waren, abwechselnd die Hand. Seine liebe Anbecken [Kosename für Rebecca] küßte und streichelte er, die liebe alte Großmama, sie war ganz ruhig und still und tröstete sich mit ihrem Matthias aus Gottes Wort, gewiß es war ein erhebendes Sterbebette. Es mochte 12 Uhr sein, da bat er Großmama, sie solle die Vorhänge seines Bettes zuziehen, er wolle mit seinem Gott allein sein, es geschah – er hatte gehofft, Gott solle ihm etwas mehr schenken, wie den Glauben, er sagte, es sei ihm nicht geworden, er hoffte aber bis zum letzten Augenblick darauf, der liebe Großpapa, er starb durch Gottes Gnade im Glauben, Lieben und Hoffen. Dann sprach er sich aus, wie er sich freue, wenn er nun bald das große Abendmahl im Himmel feiern, und dort mit dem Erlöser vom Gewächs des Weinstockes trinken werde. Dann sagte er zu Großmama: ›min lewe Bebbelmus, – und reichte ihr beide Hände, – verbin mi noch mal – er hatte aufgelegene Stellen auf dem Rücken – de Tiet geit damit hin«; er fragte viele Mal, was die Uhr sei, und wunderte sich, wie die Zeit langsam schlich. Noch nich twe –, die Worte hörten wir oft. Ein Viertel vor 2 Uhr bat er meine Mutter, Papa zu rufen, wie dieser kam, reichte ihm Großpapa die Hand und dankte ihm mit der größten Innigkeit für seine Liebe und für alles Gute, was er ihm im Leben getan, dann lag er still, die Hände gefaltet, den Blick, die wunderschönen Augen, nach oben gerichtet, halb 3 Uhr sprach er die Worte:

Helft mir Gottes Güte preisen – Gott seg *(ne euch* nicht mehr) er holte dreimal tief Atem, und war heim bei seinem und bei unserm Gott, die Augen zu, der Mund auf.«

So hatte ihm doch zu guter Letzt Feund Hain zugelächelt, hatte ihm der »alte Ruprecht Pförtner« das Tor zur andern Welt geöffnet und die vor vierzig Jahren getane Bitte erfüllt: »[...] fallt mir und meinen Freunden nicht hart«.

Bewegt schreibt Caroline über den Tod ihres Vaters: »Er ist aber gewißlich wie ein großer Mensch und Mann gestorben und ich möchte es jedem Menschen, der ernstlich über sich und seinen Zustand nachdenkt, gönnen, an diesem Sterbebette gewesen zu sein. Schwer ist dieser Schritt, aber größer, als man begreifen kann, ist es, ihn in dieser Weise zu tun.«

Seine Kinder legen den Toten in den Sarg (kein Fremder solle seinen Leichnam berühren, hatte er bestimmt) und bringen ihn nach Wandsbek, wo er im verlassenen Haus an der Lübschen Landstraße in der Diele aufgestellt wird. Am 25. Januar begräbt man Matthias Claudius auf dem Friedhof neben der Wandsbeker Kirche, nur wenige Schritte von dem Mausoleum entfernt, das die Grabstätten von Graf und Gräfin Schimmelmann birgt, seinen Gönnern.

150

Matthias Claudius um 1814, Lithographie von 1818

Für Rebecca wird das Leben im leeren Haus nun sehr einsam. Enkelin Agnes berichtet,»daß Großmama in spätern Jahren des Abends, wenn der Abendstern aufgegangen sei, immer die Einsamkeit gesucht habe, weil sie meinte, dann die Nähe des Geliebten am deutlichsten in ihrem Herzen wahrzunehmen«. Dennoch ist sie nicht verlassen. Kinder und Enkel der großen Claudius-Familie sind um sie, und da alle Leser des *Asmus* natürlich auch von Frau Rebecca wissen, wird sie für Fremde eine Sehenswürdigkeit.»Wir traten«, so der Philosoph Gotthilf Heinrich Schubert 1819,»in das Wohnhaus des Matthias Claudius zu seiner Witwe, der ehrwürdigen Mutter Rebecca, hinein, reichten ihr in kindlicher Liebe und Ehrerbietung die Hand – eine seltene Frau, einfach und lauter wie gediegenes Gold; kräftig fest so wie innig. Wir standen da in dem Zimmer, darin Claudius gewohnt hatte, setzten uns in den Großvaterstuhl, darin er nach der Arbeit zu ruhen und mit seinen Kindern und Enkeln sich zu vergnügen pflegte, und schieden bewegt, mit einem Segen im Herzen, von dieser guten Stätte.«

Zwölf Kindern hat sie in zweiundzwanzig Jahren das Leben geschenkt; sie sei»von aller getanen Mutterarbeit und Mühe mürbe« geworden, schrieb Claudius 1803 dem Grafen Ernst Schimmelmann, dem Sohn des alten Schatzmeisters.»Mutterarbeit«, ein wahres Wort, das hat einen anderen Ton als so manche Darstellung der Claudiusschen Familienidylle. Gewiß hat sie Mann und Kinder geliebt und glücklich gemacht, aber Rebecca hat auch einen hohen Preis dafür entrichtet. Immer wieder finden wir in den Briefen von Claudius sorgenvolle Berichte über Rebeccas geschwächte Gesundheit. Im Sommer 1811 erbricht sie plötzlich Blut, im Frühjahr 1813 erkrankt sie an einer Rippenfellentzündung und leidet unter rheumatischen Beschwerden.»Sie ist von all dem Kindergebären und Säugen u. Warten sehr mürbe, u. ich habe einige Jahre her oft fürchten müssen u. gefürchtet, daß ich sie verlieren würde«, schrieb Claudius damals. Aber sie ist es gewohnt, ihr eigenes Befinden hintanzustellen, und es ist bezeichnend, daß Claudius in einem seiner letzten Briefe (vom 4. Dezember 1814, noch aus Wandsbek) an seinen Sohn Fritz schrieb:

»Mama, die wirklich außerordentlich wohl ist, ist nun von meinem ewigen Kranksein mürbe geworden und befindet sich weniger gut, doch gottlob nicht übel.«

Enkelin Agnes ist dies unvergeßlich geblieben:»Ich sehe sie noch im Geiste, die schöne Frau, in einem weißen Morgenkleide, was aus Rock und Jacke bestand, wenn sie sich die Mütze aufsetzte. Großpapa stand hinter ihr, die Hose auf den Hüften hängend, Hosenträger hatte er nicht, und umarmte seine Bäbelmus. Es war ein Brautpaar in junger Liebe nach 40 Jahren.«

Rebeccas Schönheit und kluge Ausstrahlung hat auf keinen Besucher ihre Wirkung verfehlt. Begeistert schrieb 1776 der Regierungsrat Anton Matthias Sprickmann aus Münster:»Seine Frau – oder Engel! – empfing uns mit der offenherzigen Freundschaft, die sogleich ankettet. Ich hätte sie meine Schwester nennen mögen. Sie hat den schönsten Umriß von Gesicht, den ich je gesehen, ist gebaut wie eine Grazie; rote, blühende Wangen, einen Hals – blondes Haar und – Augen! Das läßt sich nicht sagen. Kurz, ich kann nicht sagen, eine regelmäßig schönere Figur gesehen zu haben. Dazu ihr offenes heiteres Wesen! Ihre Kleidung so voll Geschmack und Einfalt.«

Über das Leben im Haus der Großeltern erzählt Agnes Perthes:»Mein Großpapa stand sehr früh auf und frühstückte allein; war das Wetter schlecht, in seiner gelben Stube. Wir Enkel schliefen in der Nebenstube bei seinen Töchtern und dann brachte er uns teelöffelweise seinen süßen Kaffee ins Bett und war unbeschreiblich freundlich. Bei gutem Wetter trank er vor dem Hause, ging in der langen Lindenallee mit der weißen Tonpfeife und der weißen Nachtmütze auf und ab [...]. Nach dem Frühstück ging Großpapa in seine Stube, in früherer Zeit gab er seinen Kindern Unterricht und bereitete sie auf Schulpforta vor. Meine Mutter hat mit den Brüdern tüchtig Latein und die neueren Sprachen lernen müssen. Um 1 Uhr wurde gegessen, vor Tische machte Großpapa einen Spaziergang in den sogenannten englischen Garten, wozu er den Schlüssel vom Grafen Schimmelmann bekommen hatte. Er nahm uns Kinder und seinen treuen Hund Phylax meist mit. Wenn wir nach Hause kamen, wurde gegessen. Vor und nach Tische wurde gebetet. Ich sehe den lieben ehrwürdigen Mann noch lebendig vor mir stehen, die Nachtmütze in den gefalteten Händen. Bei Tische legte der Hund seine beiden Pfoten auf beide Achseln seines Herrn und bekam mit der Gabel manchen guten Bissen. Großmama hatte auch einen Hund, er hieß Nies, er war gelb. Phylax war weiß mit schwarzen Flecken. [...] Gegen Abend spielte Großpapa gerne eine Partie Schach mit seiner Tochter Rebecca oder mit Pastor Schröder. Nach 9 Uhr ging er ins Bett und trank noch ein Glas Grog gegen seinen langjährigen Husten. Die Schlafkammertüren wurden weit geöffnet und seine Söhne und Töchter musizierten. Die meisten leisteten Vorzügliches auf Klavier, Violine oder Cello. Sie hatten fast alle schöne, geübte Stimmen. «

Musik bedeutete in dieser Familie, in der jeder ein Instrument erlernt hatte und offenbar mehr als passabel singen konnte, außerordentlich viel. Was da im einzeln gespielt wurde, ist nicht bekannt. Claudius hat besonders die Klavierkompositionen von Carl Philipp Emanuel Bach, Mozart und – vor allem – Joseph Haydn geschätzt. Aus Aufführungen in Hamburg kannte und bewunderte er Händels *Messias* und *Alexanderfest, Der Tod Jesu* von Carl Heinrich Graun und Mozarts *Requiem*. Weniger scheinen ihn Opern interessiert zu haben. Von Darmstadt aus unternahm er 1777 einmal mit Rebecca einen Ausflug nach Mannheim, wo sie die Oper *Günther von Schwarzburg* von Ignaz Holzbauer hörten (»hat mich nicht sonderlich erbaut«). An der Musik schätzte Claudius, was man genauso über die Poesie sagen könnte: »daß sie dem Menschen wohltut.«

Rebecca ist siebzehn Jahre nach ihrem geliebten »Matz« im Wandsbeker Haus gestorben, am 26. Juli 1832, im Alter von achtundsiebzig Jahren.

★

Zum guten Beschluß soll an dieser Stelle noch ein persönliches Nachwort des Verfassers stehen. Das Werk von Matthias Claudius und seine Lebensgeschichte haben mich seit Jugendtagen durch die Jahrzehnte begleitet. Es hat Zeiten gegeben, da er mir näher, und andere, da er mir ferner stand, doch geliebt habe ich ihn wohl immer, wenn auch nicht unkritisch. Claudius ist gelegentlich verherrlicht worden; das verträgt er nicht, und er hätte es sich bestimmt auch verbeten. Auch verkitscht hat man ihn zu einem Simpel in allzeit harmonischer Familienidylle, damit tut man ihm genauso unrecht. Der Umfang seines Werks ist ungewöhnlich gering für ein vierundsiebzig Jahre währendes Schriftstellerleben, und man sage nicht, es sei dafür von makelloser Qualität. Es ist eben doch unstreitig auch Spreu unter den Weizen gemischt und nicht alles vom Besten. Doch was besagt das? Kein Schriftsteller – Goethe hat das deutlich ausgesprochen – ist imstande, stets nur Meisterwerke zu schaffen, sowenig wie ein Komponist oder ein Maler. Im Gegenteil: Auch das Mißratene oder weniger Geglückte ist ein Teil künstlerischen Schaffens, den niemand leugnen sollte; wahrscheinlich setzt das Gelungene das Mißlungene sogar voraus.

Gemessen an der großen Produktivität mancher seiner berühmten Zeitgenossen ist Claudius nicht besonders fleißig gewesen. Das Aufgehen in seiner Familie, die Sorge um sie, ist ihm wichtiger gewesen als die literarische Produktivität. Bedenkt man seine chronischen Geldnöte, so hätte er wohl in der Tat mehr tun sollen. Aber diese Sorglosigkeit, die zu teilen seiner Frau manchmal nicht leichtfiel, gehörte nun einmal zu seinem Wesen.

Freilich, Claudius widerfuhr das Glück, stets vermögende Gönner zu finden, die ihm beistanden. Ob es der Graf Schimmelmann war, der Graf Schlabrendorf, der dänische Kronprinz oder die Kaufleute aus Elberfeld: Immer sprang jemand ein und half aus. Und auch ein treuer Freundeskreis unterstützte ihn auf seine Weise.

In zeitgenössischen Berichten erscheint Claudius gelegentlich wie ein naiver Naturbursche. Aber er war weder naiv noch einfältig, sondern ein höchst gelehrter Mann. Er sprach mehrere Spra-

chen und darf als ein vorzüglicher Kenner der Theologie wie auch
der Literatur und Musik angesehen werden. Wäre er nur ein unbe-
darfter Dorfidylliker gewesen, so hätte er sich schwerlich jene Achtung erworben, die ihm von den meisten seiner Zeitgenossen ge-
zollt wurde, und wohl kaum auch die Freundschaft von Lessing,
Hamann und Herder gewinnen können.

Formal ist sein Werk so ungewöhnlich wie seine Persönlichkeit
und sein Lebensstil. So wie sich die *Asmus*-Bände darstellen,
könnte man sie mit dem – damals noch nicht existierenden –
Feuilleton vergleichen, und es ist ja auch nicht zu übersehen, daß
Claudius aus dem Journalismus kommt. Lyrik, Kritik, belehrende
und betrachtende Beiträge; keine Erzählung im strengkünstleri-
schen Sinn, kein Roman, kein Theaterstück. Doch das Gesammelte ist auf jeder Seite durchdrungen von dem ganz unverwechselbaren Claudius-Ton, der Sprache des Boten.

»Wir sind nicht umsonst in diese Welt gesetzt; wir sollen hier
reif für eine andre werden«, schreibt er am Ende des siebten *Asmus*. Diese Glaubensgewißheit und die Konsequenz eines im
Christentum gelebten Lebens muß auch den beeindrucken, der
sich nicht zum Christentum bekennt. Und das fällt darum leicht,
weil Claudius, bei aller Entschiedenheit seiner religiösen Überzeugung, den Glauben des anderen anerkennt. Obwohl gläubiger
evangelisch-lutherischer Christ, hat er die zu seiner Zeit von
evangelischer Seite geführten wüsten Angriffe auf jene, die zum
katholischen Glauben wechselten, niemals unterstützt; er war immer der Meinung, daß jede religiöse Überzeugung zu achten sei,
die den Menschen zu Gott führe. Sein gänzliches Unverständnis
für jene Bewegungen seiner Zeit, die den Wunsch nach politi-
scher Mitbestimmung des Bürgertums beförderten, ist zwar be-
klagenswert und nicht zu verteidigen, muß aber aus seinem religiösen Verständnis begriffen werden, das ihm in diesem Fall offenbar unüberwindbare Schranken setzte.

Zweihundert Jahre nach Claudius erleben wir eine Gesellschaft,
die »Selbstbestimmung« und das »Sich-selbst-Verwirklichen« als
Modeschlagwörter um so häufiger bemüht, je uniformer sie wird.
Claudius dagegen hat durchaus ein »selbstbestimmtes« Dasein

geführt und sich dabei herzlich wenig um modische Trends ge-
kümmert, die es auch damals gab. Weit wichtiger als die »Selbst-
verwirklichung« individueller Nichtigkeit war ihm die Erkenntnis,
daß es eine höhere Macht über dem Menschenleben gibt, die uns
nötigt, andere Ziele anzustreben als etwa Geld, Macht und Ansehen.

Geistige Werte zu suchen bedeutet nicht, ein sauertöpfisches,
freudloses und lustfeindliches Erdendasein zu führen. Claudius,
von dessen Persönlichkeit Humor und Lebensfreude nicht zu
trennen sind, hat gern auf dieser Erde gelebt. Aber er hat sie auch
ohne Bedauern verlassen, alt und des Lebens satt.

Zeittafel

1740	Am 15. August wird Matthias Claudius im holsteinischen Reinfeld geboren, als Sohn von Matthias Claudius (1703-1773) in dessen zweiter Ehe mit Maria geb. Lorck (1718-1780).
1755	Besuch der Lateinschule in Plön.
1759-62	Student in Jena. Begegnung mit Gerstenberg.
1760	Erkrankung an Pocken, Matthias überlebt, sein Bruder Josias stirbt.
1762	Rückkehr nach Reinfeld ohne Abschluß der Studien.
1763	*Tändeleyen und Erzählungen.*
1764-65	Aufenthalt in Kopenhagen als Privatsckretär des Grafen Holstein.
1765-68	Aufenthalt im Elternhaus in Reinfeld.
1766	Tod der Schwester Dorothea Christine.
1768-70	Mitarbeit an den *Hamburger Adreß-Comptoir-Nachrichten.*
1771-75	Der *Wandsbecker Bothe.*
1772	Hochzeit mit Rebecca Behn (geb. 1754). Das erste Kind Matthias stirbt unmittelbar nach der Geburt.
1774	Geburt der Tochter Caroline.
1775	Band I und II des *Asmus.* Kündigung der Redaktionsstelle im *Wandsbecker Bothen.* Geburt der Tochter Christiane. Claudius in Berlin.
1776-77	Claudius erhält durch Herders Vermittlung die Stelle eines Privatsekretärs beim Präsidenten Friedrich Karl von Moser in Darmstadt.
1777	Claudius leitet die *Hessen-Darmstädtische privilegirte Land-Zeitung.* Nach der Kündigung Rückkehr nach Wandsbek. Geburt der Tochter Anna.
1778	Dritter Teil des *Asmus.*

1779	Geburt der Tochter Auguste.
1781	Geburt der Tochter Henriette.
1783	Geburt des Sohnes Johannes.
	Vierter Teil des *Asmus*.
	Reise nach Schlesien. Auf der Rückreise Zusammentreffen mit Goethe in Weimar.
1784	Geburt der Tochter Rebecca.
1786	Geburt des Sohnes Matthias (gest. 1788).
1788	Erster Revisor an der *Altonaer Species-Bank* durch Vermittlung des Kronprinzen Friedrich.
1790	Fünfter Teil des *Asmus*.
1793	Fürstin Gallitzin in Wandsbek.
1796	Tod der Tochter Christiane.
1797	Feier der silbernen Hochzeit. Klopstock, der ehemalige Trauzeuge, ist anwesend.
	Hochzeit der Tochter Caroline mit dem Verleger Friedrich Christoph Perthes.
1798	Sechster Teil des *Asmus*.
1803	Siebter Teil des *Asmus*.
1810	Tod Philipp Otto Runges, mit dem Claudius seit 1804 freundschaftlich verbunden war.
1812	Achter Teil des *Asmus*.
1813	Flucht vor dem Krieg nach Kiel und Lübeck.
1814	Rückkehr nach Wandsbek. Im Dezember siedelt Claudius nach Verschlimmerung seines Gesundheitszustands nach Hamburg zu seinem Schwiegersohn Friedrich C. Perthes über.
1815	Am 21. Januar stirbt Claudius im Haus von Friedrich C. Perthes.
1832	Am 26. Juli stirbt Rebecca Claudius in Wandsbek.

Bibliographie

Matthias Claudius: Sämtliche Werke. Textredaktion Jost Perfahl. Nachwort und Zeittafel Wolfgang Pfeiffer-Belli. Anmerkungen und Bibliographie Hansjörg Platschek. München 1968.

Matthias Claudius: Briefe. 1. Band: Briefe an Freunde. Hrsg. v. Hans Jessen. 2. Band: Asmus und die Seinen. Briefe an die Familie. Hrsg. v. Hans Jessen u. Ernst Schröder. Berlin 1938.

Peter Berglar: Matthias Claudius in Selbstzeugnissen und Bilddokumenten. Reinbek 1972.

Jörg-Ulrich Fechner: Matthias Claudius 1740-1815. Leben – Zeit – Werk. Tübingen 1996.

Reinhard Görisch: Matthias Claudius oder Leben als Hauptberuf. Hamburg 1985.

Wilhelm Herbst: Matthias Claudius der Wandsbecker Bote. Ein deutsches Stilleben. 4. veränderte Aufl. Gotha 1878.

Eckart Kleßmann: Geschichte der Stadt Hamburg. 7., erweiterte Auflage. Hamburg 1994.

Carl Mönckeberg: Matthias Claudius. Ein Beitrag zur Kirchen- und Literar-Geschichte seiner Zeit. Hamburg 1869.

Agnes Perthes: Erinnerungen an Matthias Claudius. Von seiner Enkelin. Hrsg. v. Hansjörg Schmitthenner. München 1978.

Clemens Theodor Perthes: Friedrich Perthes' Leben. Nach dessen schriftlichen u. mündlichen Mitteilungen. Hamburg/ Gotha 1851.

Elisa von der Recke: Mein Journal. Elisas neuaufgefundene Tagebücher aus den Jahren 1791 u. 1793/95. Hrsg. u. erläutert v. Johannes Werner. Leipzig o. J.

Urban Roedl: Matthias Claudius. Sein Weg u. seine Welt. Hamburg 1969.

Georg-Wilhelm Röpke: In Wandsbek zu Hause. Essays zur Würdigung des »Wandsbecker Bothen« Matthias Claudius im Gedenkjahr 1990. Hamburg 1990.

Wolfgang Stammler: Matthias Claudius der Wandsbecker Bothe. Ein Beitrag zur deutschen Literatur- u. Geistesgeschichte. Halle a. d. S. 1915.

Jörg Traeger: Philipp Otto Runge und sein Werk. Monographie und kritischer Katalog. München 1975.

Matthias Claudius 1740-1815. Ausstellung zum 250. Geburtstag. Schriften der Schleswig-Holsteinischen Landesbibliothek, hg. v. Dieter Lohmeier. Band 12. Heide in Holstein 1990.

Bildnachweis

Museum für Hamburgische Geschichte: S. 117, 121, 133, 138, 146; Museen für Kunst und Kulturgeschichte der Hansestadt Lübeck S. 144; Staats- und Universitätsbibliothek Hamburg, Gemäldesammlung: S. 102; Goethe-Museum Düsseldorf: S. 68; Friedrich-Schiller-Universität Jena, Handschriftenabteilung: S. 12, 13, 39, 46, 48; »Finderglück«. Handzeichnungen und Aquarelle des 18.-20. Jahrhunderts. H. W. Fichter, Kunsthandel, Frankfurt/Main: Frontispiz; Verlagsarchiv bzw. gemeinfrei: S. 11, 14, 15, 16, 31, 34, 51, 58, 93, 113, 127; Alle übrigen Abbildungen wurden dem Ausstellungskatalog »Matthias Claudius« entnommen (Heide in Holstein 1990/ S. 53 Kopie nach einem Gemälde von Georg Friedrich Adolph Schöner). Der Verlag dankt insbesondere Herrn Matthias C. Tümpel für die Aufnahme der Claudius-Plakette (S. 64) und die Genehmigung zu ihrer Veröffentlichung sowie Herrn Prof. Dr. Christian Tümpel und Prof. Dr. Jörg-Ulrich Fechner für ihre bereitwilligen Hinweise und Mithilfe.

Eckart Kleßmann im TvR Medienverlag Jena

Christiane
Goethes Geliebte und Gefährtin

„Ich empfehle Ihnen meine Frau mit dem Zeugnisse, daß, seit sie ihren ersten Schritt in mein Haus tat, ich ihr nur Freuden zu danken habe." Mit diesen Worten stellte Johann Wolfgang von Goethe 1811 seine Frau Christiane vor. Da lebte er schon 23 Jahre mit Christiane Vulpius (1765-1816), der Mutter seines Sohnes August, die er erst 1806 geheiratet hatte. Ihr Liebes- und Lebensbündnis wurde allgemein als Skandal empfunden, weil ihm lange die Legitimität fehlte und weil die Gefährtin als „gründlich ungebildet" galt. Dieses Lebens- und Zeitbild schildert eine Frau, die Goethe 28 Jahre lang die Geliebte und Gefährtin gewesen ist und den Dichter auf eine fast ideale Weise ergänzte.

231 S., fester Einband, Jena 2016, ISBN 978-3-940431-57-8

Fürst Pückler und die Sklavin Machbuba
Eine west-östliche Liebesgeschichte

Während einer Reise nach Ägypten 1837 kaufte Hermann Fürst von Pückler-Muskau auf dem Kairoer Sklavenmarkt die blutjunge Sklavin Machbuba. Zwischen beiden entwickelte sich eine tiefe Liebe. Pückler nahm sie mit in seine Heimat, wo Machbuba aber schon 1840 der Tuberkulose erlag. In Büchern, Briefen und Gesprächen hat Pückler, der sie um dreißig Jahre überlebte, von dieser Liebe erzählt. Machbubas Grab ist noch heute in Muskau zu sehen. Ihr Bildnis und ihre Totenmaske bewahrt das Schloß Branitz bei Cottbus, in dessen Park Pückler 1871 beigesetzt wurde.

167 S., fester Einband, erscheint 2021 in 2. Auflage,
ISBN 978-3-940431-26-4